八百長恐慌！

「サブプライム＝国際ネズミ講」を仕掛けたのは誰だ

鬼塚英昭
Hideaki Onizuka

●——ヨーロッパ発の八百長恐慌［序として］

「サブプライム問題」という言葉を一般の日本人が知るようになったのは、二〇〇七年に入ってからであろう。二〇〇七年八月のニューヨーク株式市場の暴落、いわゆる「サブプライム・ショック」でこの問題を知ったのが大勢ではないか。

日本人は「サブプライム問題とは何か」とテレビや新聞の報道で知るようになった。それらは、ほとんどがアメリカからの報道によった。アメリカの住宅バブルの状況、そしてバブルの崩壊の模様をテレビニュースで見るようになった。住宅を失った人々が車の中で生活している姿が、テントの中の集団生活の姿がテレビの画面によく映し出された。

だが、新聞やテレビによる報道は、潮が引くように消えていった。一部の専門家は警鐘を鳴らしていたが、「サブプライム問題などたいした騒ぎにはなるまい」という空気が日本を支配した。しかし私は、「これは近い将来、国際経済に大波乱をもたらす」と直感した。この問題を追ってみようと、いつものように、まずは資料集めを始めた。

私は、冬になるころ、この問題の根底にあるものをある程度理解できるようになった。そして、ひょっとすると、この問題はヨーロッパ発ではないのかと考えるようになったのだ。この疑問を抱きながら、私の調査はなおも続いた。

二〇〇七年の年頭から原油価格が高騰していた。この原因を追求していて、私はロンドン・シティが原油高騰の演出者である事実を発見した。サブプライム惨事、原油の急騰、金融市場の危機、ドル安、世界インフレ……これらすべてが深く結びついていると確信するようになった。

二〇〇八年の晩春、ひととおりの資料調べを終えた私は、この本の執筆に入った。サブプライム問題に端を発する経済危機は、けっして軽視すべきではない、それは現代資本主義の根幹を揺るがす……それがテーマであった。約三カ月をかけて本書の第一稿を完成させた。七月末のことであった。

二〇〇八年九月、アメリカ発の金融危機がはっきりしてきた。さらに十月になると、世界中に恐慌の兆(きざ)しが見えてきた。私が予測していたことが、次から次へと現実になっていった。そのスピードは戦慄を覚えるほどのものであった。「これ以上、予測が当たらないでくれ」、そう祈ったことさえあった。

第一稿は若干の修正を余儀なくされた。それは、未来形の「だろう」という表現を、過去形の「になった」に変える作業であった。

日本政府はかつてバブル崩壊による不良債権処理のときに金融機関に公的資金(血税)を投入した。多くの日本のエコノミストが、アメリカ政府も日本と同様に公的資金を金融機関に注入しろと騒いでいる。

二〇〇八年十月十四日、アメリカの金融救済法は成立した。その公的資金は約七〇兆円である。だが私は、この金融救済法はほとんど役に立たないと予想している。本文を読んでいただければ理解できると思うが、アメリカの金融機関は数十兆ドルの債務を負っているからである。

＊＊＊

私は、今回の金融危機の最大の原因は何かと問われれば、「それは、何よりも人の心が攻撃されて、心が敗北しかけているからだ」と答える。だが私たちは、どのように心が攻撃されているのかさえ知らないのである。

すべては心が創(つく)り出すのである。アングロサクソン型の市場中心の資本主義について考え直さなければならない。私たち日本人は、強欲資本主義の姿を直視しなければならない。人々が強欲さの中に生きがいを見出したがゆえに、サブプライム惨事が発生したのである。

私は、八百長資本主義が生んだ八百長恐慌について書き続ける。

私は読者に、この世の裏で進行している策謀について伝え続ける。

読者よ知るべし。

この世の中に起こる多くは必然の出来事であり、偶然の出来事は少ないということを。

私は再び書くことにする。心が攻撃されている、と。

だから、どのように心が攻撃されているのかを知らねばならないのだ。

この世界の実相を知って、勇気をもって世界の悪に挑戦しようではないか。

小さな努力が世界を変えることを信じようではないか。

この真理を知ってもらうべく、私はこの本を世に問うのである。

二〇〇八年十月二十一日

鬼塚英昭（おにづかひであき）

［八百長恐慌！］目次

［終章］

八百長資本主義、終わりの始まり

［装幀］フロッグキングスタジオ

大損したと騒ぎたてる連中の裏を読め

［第一章］

●──「サブプライム」その騙しのテクニック

去年（二〇〇七年）の夏が近づく頃、新聞やテレビで、「サブプライム」という言葉が登場し始めた。さて、何のことであろうかと訝しげに見ていると、アメリカの住宅問題であることが分かってきた。どうやら、アメリカには下流階級（こんな言葉は使いたくないのだが）の人々向けに住宅を斡旋する悪徳業者たちがいたことも分かってきた。去年の暮れから今年（二〇〇八年）の夏にかけて、たくさんの本が出版された。これらの本は一つの共通点を持っていた。「サブプライム」問題で、アメリカのみならずヨーロッパの大銀行ならびに投資会社が巨額の損失を出しているということを詳細に書いていた。それは、新聞やテレビの報道に追従するものばかりであった。

私はこの一年間というもの、これらのニュースに接するたびに一つの疑問を心の中に持ち続けていた。大銀行や投資会社は本当に大損を続けているのだろうか？　彼らは本当は、大儲けを続けているのではないだろうか？

こんな疑問を持っていた私は独自の調査に入った。しかし、私の調査の方法には特別なデータの入手方法があるわけではない。私はたくさんのサブプライム問題について書かれた本を集めて読むことから始めた。また、二〇〇七年から〇八年にかけて刊行された経済雑誌、とくに、経済週刊誌の「エコノミスト」「週刊東洋経済」「週刊ダイヤモンド」……等々のサブプライム関連記事のスクラップブックを二十数冊つくった。それ以外に、日経新聞の切り抜き記事のスクラップブックの数も増えた。朝日新聞、私の地元の大分県の地方紙の記事もスクラップブックに色をそえた。今、この文章を書こうとしているとき、私はサブプライム問題の膨大なデータを前にしている。しかし、サブプライムとは何か、という疑問点からこの本は出発するわけではない。この問題については本文の中で折々に、分かるように解説していくことにする。私はまず、シティグループから追ってみたい。

その前に、読者に一つの難問をぶつけたい。

「シティグループは本当に大損をしたのか?」

この難問を出発点にして私はこの本を書きすすめていく。

読者は「そんな馬鹿な。シティグループが大儲けしたわけがないだろう」と思っているにちがいない。読者よ、心せよ。この世は騙し合いの世界なのだ。野村證券やみずほ銀行他の銀行も、みんな、みんな、騙され続けているのだ。私はこれから騙しのテクニックに長けた連中の手練手管（てれんてくだ）を解明していく。日本人は騙されやすい民族である。この本では、二度と騙されないための方法についてを書いた。この本を読んだ後に、読者は一つの時代の終わりを知ることになる。新しい時代が今すぐそこに来ている。新しい時代に向けて出発する時が来たのだ。

●――大損した金はどこへ消えたのか

二〇〇七年十二月四日号の「エコノミスト」のコラムに以下の短い記事が載っていた。

「株主に損失を負わせる愚かな意志決定をする一方、自分のポケットの皮算用をするウォール街のCEOの説明責任はどうなっているのか」（米国の低所得者向け高金利住宅ローン〈サブプライムローン〉の損失で辞任したプリンス・シティグループ最高経営責任者〈CEO〉、オニール・メリルリンチCEOの巨額退職金をレラチ弁護士が「ワシントン・ポスト」紙で批判して）

シティグループCEO、チャールズ・プリンスとメリルリンチCEO、スタンレー・オニールは、二人して合計二〇〇億円の退職金を手にしたのである。

私がサブプライム問題について疑問を感じたのは、たぶん、この小さな記事を読んだのが切っ掛けであったと思う。どうして大損をさせたCEOが巨額の退職金を手にできるのかというレラチ弁護士の抗議に同調した後であった。「何かがおかしいぞ」、私はそう直感した。それからというもの、シティグループを中心として多くの金融グループのサブプライム問題に関する損失金の解明に突入したのである。

一つの疑問を読者に投げかけてから、前へ一歩踏み出そう。

「大損した、大損したと、あの金融家たちは一方的にニュースを垂れ流すが、その大損したという金はどこへ消えたのでしょうか？」

世界の外為市場での取引額は一日に二兆ドルをはるかに超えている。外為市場で取引される通貨の九割近くがドルに絡んでいる。次いでユーロ、そして円とポンドである。この外為市場のスケールの大きさから見ても、サブプライム問題が勃発した証券市場は小さすぎる。しかし、この小さすぎる証券市場がかくも大問題となったのは、隠された目的が存在したからにちがいないのである。簡単に表現するならば、「何者かたちが、サブプライム問題を創り出し、この世を混乱と不安の世界へと一変させた」ということである。

私がレラチ弁護士の抗議の文章に接して感じたのがこの点であった。

シティグループ、メリルリンチのCEOの二人、プリンスとオニールは間違いなく、このサブプライム惨事（「問題」という言葉の代わりに使いたい）を〝演出〟したのである。だからこそ、この二人は会社を去りゆくときに、信じられないほど巨額の退職金を褒美として与えられたというわけである。

この二つの金融機関の他に主要なる米金融機関は、モルガン・スタンレー、バンク・オブ・アメリカ、JPモルガン・チェース、ゴールドマン・サックス、リーマン・ブラザーズ（二〇〇八年九月破綻）……がある。これらの金融機関がゴールドマン・サックスを除いて巨額の損失を出している（現在も）、というのである。私はこれらのアメリカ主要金融機関はすべて巨額の利益を上げていると信じている。この本はこれらの金融機関の悪行を暴くことになろう。

シティ（以下、シティグループをシティとする）に話を戻そう。

シティが新聞紙上で大きく報道されだしたのは、二〇〇七年十月十五日に、サブプライム関連商品などの価値下落で、六五億ドル（約六五〇〇億円）の損失を計上したと発表した後である。住宅ローンの債務不履行の急増がにわかに騒がれだした。

同日、ポールソン財務長官が一〇〇〇億ドル（約一〇兆円）の「M－LEC構想」を発表した。このM－LEC（Master Liquidity Enhanced Conduit）は、英文を読むと理解しやすいのであるが、困っているシティ、バンク・オブ・アメリカ、JPモルガン・チェースのアメリカの三大商業銀行がポールソン財務長官を抱きこんで言わせた構想である。要するに、価値が下落している住宅ローンの担保証券(RMBS)や、債務担保証券(CDO)を買い取るための救済基金を九〇日以内に設立したいということであった(RMBSとかCDOについては後述することにしたい)。彼ら三大メガバンクは、自分たちがガセネタで証券をつくり、大儲けした後に売れ残った証券(正確な表現ではないが、一応このようにしておく)が値下がりし、処置に困ったので、これらのガセネタを損失金の中に入れたのである。それらのガセネタの証券を集めて一束(ひとたば)にし、アメリカ財務省の力添えを得て現金化しようとしたのである。七五〇〜一〇〇〇億ドルの規模で資金を調達し、短期債を発行してRMBSやCDOなどの損失をカバーしようとしたのである。

このM－LECの真の目的は、彼らの運用資金残高が三二五〇億ドルにも達している特別目的会社(当時の発表分)のSIV(このSIVについても後述する)の支援であった。彼ら三大メガバンクはSIVの資金繰りを救済するためにM－LECを設立したいと発表した。しかし、別の狙いがあった。「エコノミスト」(二〇〇七年十一月十三日号)の「グローバル・マネー(Global Money)」の記事を引用する。

真の狙いは別にある。調達資金を資産担保コマーシャルペーパー（ＡＰＣＰ）など短期市場に頼るＳＩＶを放置すれば、ＳＩＶが保有する証券化商品が投げ売りされ、三大商業銀行傘下のＳＩＶの損失が拡大する。このため、ＳＩＶにバックアップライン（融資枠）を提供する三大商業銀行に損失が波及する危険性を抑えるのが目的だ。

米財務省の強い後押しがあったとはいえ、Ｍ－ＬＥＣは数多くの内部矛盾を抱えている。第一にＭ－ＬＥＣが買い取ろうとしているのは格付けの高い証券化商品で、サブプライムローン（低所得者向け高金利住宅融資）に毒された〝有毒廃棄物〟は対象にならないこと。つまりＳＩＶはＭ－ＬＥＣへの優良資産を売却して得た現金でＡＰＣＰの償還金の手当てはできるが、残った資産の不良債権化比率は上昇する。

サブプライム問題について知識があまりない人にはこの文章を理解するのは難しい。それでは、簡単に説明する。

ＳＩＶとはStrucured Investiment Vehicleの略で、シーブと読む。このＳＩＶ（シーブ）は「特別目的会社」と普通は訳されている。三大メガバンクや他の巨大銀行は、会社とは無関係の存在として、特別の目的のために幽霊会社をでっち上げる。幽霊会社だから、職員もいない。その会社が、サブプライムローンという、いかがわしい（表現が悪いのだが）貸付を提供する会社（銀行ではない）とタイアップする。この特別目的会社は、住宅ローンを買い取って証券を発行する。その証券をヘッジファンドなどを使って大々的に売り出す。後に詳述するが、ＳＩＶはその証券を基にして、短期決裁という形で金を借りつける。こうして多くの金がＳＩＶの元に入ってきた。しかし、その証券を基にして借り入れた金はいつかは決済しなければならない。また、用意した証券も売れ残った。このために、三大銀行はＭ－ＬＥＣを創り、損失金の穴埋めをしようとしたのである。

私が疑問に思うのは「ＳＩＶをでっち上げて大儲けした金はどこに消えたのか」という点である。ＳＩＶだけではない。彼らメガバンクはまた、ＳＩＶを通さずにガセネタででっち上げた証券をも売りに売りまくったのである。しかし、その巨大な利益がまるで姿を見せないのである。このことは、この三大銀行が特別な目的を持ってＳＩＶなる幽霊会社を創り、ガセネタに、いかにも立派な証券かのような装いをほどこして世界中にばら撒いたということが分かるのである。

二〇〇二年にエンロンが倒産した。アメリカの金融当局は企業が損失を簿外化できないように規制を強化してきた。しかし、ＳＩＶなるものは簿外の存在である。特別に目的があれば簿外の会社をでっち上げても規制外としたからだ。財務省とＦＲＢ（連邦準備制度理事会）とＳＥＣ（証券取引委員会。株式、証券、金融取引を監視する政府機関）もこのＳＩＶにノータッチである。

ＳＩＶは巨額な利益をどこに隠したのか。ケイマン諸島などのタックス・ヘイブンといわれる所に隠したのである。この点を追及したデータは皆無である。シティはＳＩＶをつくり、巨額の利益を上げて、それもタックス・ヘイブンに隠したのである。シティは簿外のＳＩＶを、売れ残ったカスをシティ本体で引き取ると発表した。

●――利益隠しの片棒を担ぐメディア

二〇〇七年十一月三日、シティグループのプリンス会長が辞任することになった。私たちは売れ残ったり価値が毀損（きそん）したＳＩＶの損失のみを伝える、洪水のような報道にさらされているだけである。世界中に住宅ローンを証券化した商品を売りに売りまくって得た巨大な利益は報道されたことはない。どうしてか。世界中の大手報道機関（大新聞・テレビ）がメガバンクと完全に〝グル〟になっているからである。

証券化市場は完全に機能が麻痺（まひ）している。何をどのように信頼していいのかの方策が分からない。これは偶然ではないのである。サブプライムという高利率のローンで家を買った人々の多くは、高騰する金利ゆえに家を手放し続けている。その家を売った住宅会社はメガバンクに住宅ローンを売ってきた。そんな危険がいっぱいの住宅ローンを買い取って、メガバンクの連中は証券化し、世界中にばらまいた。その証券の価値ががた落ちするのは百も承知であった。その儲けに儲けたメガバンクの連中は、その儲けを隠すためにさまざまな詐術を弄している。その一つが大手報道機関との連携である。

二〇〇八年一月十五日、シティは〇七年十－十二月期の決算を発表した。〇七年十一月二十六日の巨大な損失のときには、七五億ドルの出資をアラブ首長国連邦のアブダビ投資庁から受けた。それ以降も次から次へと損失額を積みかさねている。しかし、私はこの損失額の発表は、シティの隠蔽工作であると思っている。

二〇〇八年五月十日付の朝日新聞の記事を読むことにする。

四〇〇〇億ドルの資産を米シティ売却へ

米金融最大手シティグループは九日、非中核事業の資産のうち、八割にあたる約四〇〇〇億ドル（約四一兆二〇〇〇億円）分を売却する方針を発表した。個人向けの融資やクレジットカード事業、企業向けの投資銀行事業といった中核事業に集中し、早急な経営改善を目指す。

シティによると、非中核事業の資産は、総資産約二兆二〇〇〇億ドル（約二二六兆円）

の二〇%強にあたる。すでに大幅な人員削減なども打ち出しており、コスト削減も急ぐ。ただ、総合金融機関としてアジアや南米など成長が見込まれる新興市場での事業には引き続き力を入れる方針だ。

シティは低所得者向け（サブプライム）住宅ローン問題が深刻化した昨夏以降、関連損失が米大手で最大規模に膨らみ、資本増強で財務体質の改善につとめてきた。

シティはサブプライムローンなどの不動産関連の資産を中心に売却することにした。この資産をシティは非中核事業と位置づけたのである。五〇〇〇億ドルに達していたサブプライムを中心とした事業の約八割にあたる四〇〇〇億ドル分を三年以内に売却することにしたのである。そして本業への集中、経費削減に取り組むことにしたのである。経費削減とは何か？　大量の人員整理である。シティは二〇〇七年九月時点で、サブプライム関連商品を五五〇億ドル保有していた。その年の年末時点でもまだ三七〇億ドルを保有していた。またシティは年末に六〇〇億ドル規模のＳＩＶの資産をバランスシートに統合した。

シティは約二兆二〇〇〇億ドル（二〇〇八年五月末現在）の資産を持つ大銀行である。アブダビ投資庁から七五億ドルの緊急融資をシティが受け入れたとの報道は、表向きの工作、である。緊急融資を受ける必要などないのである。後述するが、数百、否、数千といわれる匿名口座を持ち、秘密資産をケイマン諸島などに隠している。今回のサブプライム惨事で、少なくとも数千億ドルを儲けている。だが、サブプライム関連部門で働いていた社員は数千人単位で去っていった。彼らは主として、一〇〇〇億ドル（二〇〇七年初め）のSIV市場（全体の二五％）の資産を運用する証券マンたちであった。二〇〇七年の春までは、「シティのSIVは好調を続け、ポートフォリオの運用も順調です」と、投資家たちに文書で伝えていた。シティはSIVという幽霊会社を七つもつくり、証券マンたちに、コマーシャルペーパー（CP）市場から短期資金を調達させていた。シティは、このSIVを通して、RMBSからCDOまで広範囲にわたる証券化商品を運用していた。シティはファンドマネジャーの役割をも担っていたのである。短期間の金利差を利用し、大きな利益を上げ続けていた。その利益は、シティ本体に流れることはなく、簿外利益として、ケイマン諸島などのタックス・ヘイブン（オフ・ショアともいう）に流れたのである。多くの証券マンたちは紙屑のように棄てられた。

それではシティの規模は縮小したのであろうか。シティは莫大な利益を上げ税金を払わずにタックス・ヘイブンにそれを隠しただけでなく、大量の人員整理に成功した。シティは新しい本業へと転進していった。

二〇〇八年一月にシティは九八億ドル（約一兆円）の赤字決算（二〇〇七年十月－十二月期）を発表したときに四二〇〇人の人員削減も合わせて発表した。クビ切りは現在も続いている。

用無しの人員は去らしめられた。それではこの項の最後に、シティはこれから何を本業とするのかを記すことにしよう。

シティ、モルガン・スタンレー、ゴールドマン・サックスなどは資源投資にシフトし始めたのである。彼らは優秀なコモディティ・トレーディング（商品取引）のフロントマンの大量採用をしている。扱う商品が証券や株式から、原油、貴金属、レアメタル、農産物、石油商品、天然ガス、鉄鉱石、石炭、銅……へと変化しているのである。証券の世界、すなわち金融の世界は縮小しつつある。二十一世紀はコモディティの時代に入った。サブプライム事業で大金を得たメガバンクは、この地球上の〝本当の富〟を手に入れようと動きだしたのである。シティはそのメガバンクの最大手の一つである。

次項で私はゴールドマン・サックスの謎に迫ることにする。この世界がいかなる人間たちによって支配されているのかを読者は知ることになる。ゴールドマン・サックスを知ることは、悪霊たちの祝祭の場を覗き見することに他ならないのである。

●――ゴールドマン・サックスの予測はなぜいつも大当たりなのか

シドニィ・シェルダンという大衆小説家が一九八七年に出版した『神の吹かす風』（日本版

は一九九八年刊）のプロローグは奇妙な文章から始まる。引用する。

フィンランドのペルボ
会議は、暖房完備の快適な山小屋で開かれていた。場所は、ロシアとの国境近く、ヘルシンキから三百キロ離れた森林の中である。〝委員会〟を構成する西側、つまり、自由経済圏のメンバーたちは、一人また一人と秘密裏に現場に到着していた。委員たちの国籍はさまざまで、その出身地は八か国にまたがる。しかし、彼らの入国記録は、フィンランド政府高官の特別な取り計らいでパスポートには記されない。（以下略）

『神の吹かす風』という本は小説であり、この会議なるものはもちろんフィクションである。だが、この小説は未来を予言していた。この小説が書かれたのは一九八五年。当時、ソ連邦の崩壊も、東欧共産圏のドミノ的政変も、その兆候すらなかった。しかし、この小説はその過程を、東欧に吹き荒れた民主化の嵐を、圧制下のルーマニアでの市民革命を、見事に予見して描いている。シドニィ・シェルダンが何者かに未来のストーリーを教えられて書いたものと思えてならない。
ここで私が思い出すのは、ソ連邦崩壊の一年前に、カーター元大統領の特別補佐官であったズビグニュー・ブレジンスキーがその崩壊を予言していたことである。「そんな馬鹿な」と、私はブレジンスキーの予言を妄想の類と疑った。しかし、ソ連邦は崩壊したのだ。私はこのとき以来、「この世の出来事は、表の世界の出来事は裏の世界によって動かされているのではないのか」と考えるようになった。従って、私は、裏の世界で進行しているであろう出来事を動かす個人なり組織なり権力の存在を意識するようになった。

しかし、ここで読者にきっぱりと断わっておかなければならない。イルミナティ、フリーメイソンなどという世界秘密結社の話をしているのではない。私は現実に見え隠れする、確実に存在するであろう人物や組織について書いているのである。

シドニィ・シェルダンの『神の吹かす風』に話を戻そう。「母国政権内で相当の権力を持つ高官」たちが、「今回はお互いに、その地位も姓名も国籍も、知らぬ者同志」を貫いて、「念には念を入れて」、「五時間にも及び、議論は白熱した」。この八人のメンバーはそれぞれ神の名で呼ばれている。シガード神、ボールダー神、フレイル神、シグマンド神、トール神、テール神、そして議長。議長の提案に対し、ボールダー神とシグマント神が反対する。最後の一人の神は名は書かれていない。あるいは沈黙の神なのか。

会議の終わりに議長が語る言葉は実に意味深長である。引用する。

議長のわたしも賛成であるから、議題は賛成多数で通過したことになります。盟主には以上の結果をわたしの方から伝えます。この計画を実行に移すべく、最も信頼のおけるプロフェッショナルの選択権は盟主にあります。次の会合ではそのプロの名を皆さんにお教えできると思います。それではいつもどおり、気をつけて、二十分おきにお引き取り下さい。ありがとう、皆さん。

私はこのシドニィ・シェルダンが描く「神々の会合」が、世界のどこかで開かれているにちがいないと思っている。盟主は一人か、それとも二人なのか、その人数を知ることはできない。いま激変している世界情勢が神々たちの中で語られていると思っている。しかも、神々たちは「それぞれが母国政権内で相当の権力を持つ高官」ではなく、国際金融寡頭権力のメンバーであろうと思っている。その中には、例外的に政府の高官も入っているだろう。

私はこの「サブプライム」から発した世界恐慌の兆しを〝演出〟した神々たちがいると思っている。シティグループもその中の一神である。シティのCEOがその代表であるとはかぎらない。シティを本当に支配する者が一神にちがいない。神々たちはヨーロッパにもいる。否、ヨーロッパ、特にイギリスとスイスに住んでいる神々がサブプライム惨事を演出したにちがいないと思っている。

では、シドニィ・シェルダンの小説の中に出てくる「議長」とは誰であろうか。私は間違いなく断言できる。ゴールドマン・サックスの最高の実力者が、真の支配者の最側近であろう。どうしてか。一つはアメリカ財務省の長官の多くがこの投資銀行のＣＥＯから出ているからである。また、サブプライム惨事での損失がほとんどなく、二〇〇七年度も〇八年度も利益を上げているからである。ゴールドマン・サックスのＣＥＯは真の支配者に最も近い人物である。その真の支配者はヨーロッパにいる。

もう一つ、重大なファクターがある。ゴールドマン・サックスは様々な局面で経済予測を発表する。その予測が実に正確であるからだ。世界金融寡頭勢力のスポンサー役を買っていると思われるのである。「エコノミスト」（二〇〇八年四月十四日号）を見ることにしよう。ゴールドマン・サックスの予測が出ている。二月一日に発表したものである。簡単に整理して記す。

①二〇〇八年も信用悪化が米国金融の最大のテーマ。米国の金融株の収益や資本にとって最大のリスクは、商業用不動産（ＣＲＥ）ローンおよび住宅ローンにあると当社〔ゴールドマン・サックス〕は考えている。（中略）当社はＣＲＥやその他のエキゾチック住宅ローンからさらに一四〇〇億ドルの損失の発生を予想している。（②は省略）

③〇八年には商業用不動産ローンならびに住宅ローンで総額六〇〇億ドルの評価損計上を予想。これは、これまでに計上されたサブプライム関連の評価損六〇〇億ドルと同水準である。当社はCRE、住宅ローン（サブプライム除く）、消費者ならびに企業向けローンの損失が総額三三〇〇億ドルに上り、サブプライム関連の二一〇〇億ドルを上回ると見ている。

④CRE関連損失はサブプライムに続く最も深刻な「問題」と考えられる。商業用不動産価格は現在の水準から二一〜二六％下落し、これに伴って総額一八〇〇億ドルの損失を生むと見られる。このうち、世界の銀行や証券会社は八〇〇億ドルを負担する可能性がある。

（以下略）

ゴールドマン・サックスのリポートを読むと、サブプライム以外に、商業用不動産担保証券（CMBS）、CRE債務担保証券（CDO）、他の住宅ローン担保証券などで数千億ドル単位の損失が生じてくると書かれている。商工業に関するローン、クレジットカード、自動車ローンでも大きな損失が増加するとされている。

私はゴールドマン・サックスの予測を、信頼できる唯一の予測であると信じている。ゴールドマン・サックスの予測に注目すると、これからやってくる世界恐慌の姿がはっきりと見えてくる。どうしてか。ゴールドマン・サックスが世界金融寡頭勢力のスポンサー役を演じているからに他ならないからだ。日本のエコノミストの多くは、二〇〇七年夏から始まった世界恐慌を甘くみていた。これは仕方がない。多くの銀行や証券会社のチーフエコノミストの顔写真を見つづけて私はこう結論した。「あんな甘い顔をしている連中ではとてもとても、アメリカやヨーロッパの連中には立ち向かえないだろう」

ゴールドマン・サックスは二〇〇六年十二月にサブプライムから撤退へと方向転換する。「会社リスク委員会」が作られ、二〇〇七年二月にはサブプライム関連商品の「空売り(からうり)」を仕掛け、大きな利益を出した。この空売りの後でサブプライム問題に焦点が当たってくる。

どうして、ゴールドマン・サックスだけはひとり勝ちなのか、と読者は考えないといけない。ゴールドマン・サックスは、ドイツ出身のユダヤ人、マーカス・ゴールドマンが一八六九年に設立した国際的金融グループである。設立当初からロスチャイルド財閥が投資部門に融資していた。ゴールドマン・サックスは国際金融寡頭勢力という巨大組織の一員となるべくロスチャイルドによって育て上げられた投資銀行である。ゴールドマン・サックスの経済予測はロスチャイルドを含めた国際金融寡頭勢力の経済予測ということになる。彼らが何を考え、どのように世界を動かしていこうとしているのかが、ゴールドマン・サックスの予測を見れば手に取るように分かる仕組みになっている。

この点から見ると、イギリスのロスチャイルドが、サブプライムでゴールドマン・サックスの「空売り」にからんでいるのが見えてこよう。隔週刊誌「SAPIO」(二〇〇八年二月二十七日号)から引用する。

米歴代財務長官を送り出し、一年で約一兆二三〇〇億円(〇六年十二月-〇七年十一月期純利益)を稼ぎ出す。ゴールドマン・サックスは押しも押されもせぬ世界最大規模の金融グループだ。今回のサブプライム危機でも〝ひとり勝ち〟をおさめている。勝因は、今回の米国経済の危機を、他の金融機関より深刻かつ正確に分析できていたことだった。

「SAPIO」はこの前文の後に、アメリカのジャーナリスト、マシュー・リースの記事を紹介している。その一部を記す。

ところで、ゴールドマン・サックス(GS)とは何者か。

たとえばクリントン政権で財務長官を務めたロバート・ルービンは直前までGSの共同会長だったし、現在の財務長官ヘンリー・ポールソンも前職はGSの会長兼最高経営責任者だった。米国には「経済(Capital=資本)」対「政治(Capitol=米国議会)」の不可思議なロジックが存在する。ポールソンがサブプライム危機でほぼ唯一利益を得た金融機関のGS出身であることを考えると、ホワイトハウスが彼を今回のサブプライム危機の救済役に抜擢したことは、皮肉だが〝完璧な選択〟と言えよう。

報道によれば、GSの一部トレーダーは住宅ローン担保証券（RMBS）でいち早く下落を予測して「空売り」をかけ、四〇億ドルの利益をあげたと報じられた。また、サブプライムショックで米金融機関が巨額の損失を計上するなか、GSは直近の決算では過去最高益を記録した。ひとり勝ちである。

ゴールドマン・サックスの謎の一部が書かれている。しかし、これは謎でも何でもないのだ。ゴールドマン・サックスは、シティやバンク・オブ・アメリカやモルガン・スタンレーがサブプライムを仕掛けていたときに、新しい別の分野へと方向転換していた。ゴールドマン・サックスは、原油、石油製品、金属、天然ガス、電力、林産物を対象に顧客取引と自己取引を行っている。また、十八の発電施設を所有、または一部出資している。私はシティも方向転換しつつあると書いた。しかし、シティは一歩も二歩もゴールドマン・サックスに遅れをとっている。ここにも英国のロスチャイルド系投資銀行の凄さが見えてくるのである。アメリカの年金基金の筆頭格「カルバース」（カリフォルニア州職員退職金年金基金）もサブプライム惨事で大きな損失を出した。今、原油分野に一部を投資しているけれども、コモディティ（商品）分野への投資は困難な状況にある。やがて、人々は、石油や鉄や食糧の分野でゴールドマン・サックスの力を見せつけられることになる。

日経新聞（二〇〇八年九月二十三日付）に「米、銀・証の垣根消滅へ」という見出しで次のような記事が出た。

証券ゴールドマンとモルガン、銀行持ち株会社に

米連邦準備理事会（FRB）は二十一日、米証券ゴールドマン・サックスとモルガン・スタンレーの銀行持ち株会社化を承認した。両社は米証券取引委員会（SEC）からFRBの監督下に移り、有事の際にはFRBによる資金供給を受けやすくなる。これにより銀行と証券の垣根は事実上消滅し、大手証券専業会社は姿を消す。米金融業界は歴史的な転換点を迎えた。

一九二九年の大恐慌のあと、アメリカでは一九三三年に銀行と証券の分離を定めたグラス・スティーガル法が制定された。だがクリントン元大統領はグラス・リーチ・ブライリー法を制定した。この法改正によって銀行と投資会社が大きく規制緩和をうけ、金融資本主義の時代へ

と大きく前進した。
ゴールドマン・サックスとモルガン・スタンレーはみずから進んで銀行になる道を選んだ。ゴールドマン・サックスは自己資本を拡充し、倒産しかけている中小の銀行を合併・吸収する道を選んだ。アメリカにユダヤ系の巨大銀行が誕生するのだ。
「ニューズウィーク」(二〇〇八年五月十四日号)から引用する。

「原油価格一バレル=一〇〇ドル」はすでに悪夢ではなく、見慣れた現実となった。先週にはOPEC(石油輸出国機構)のシャキブ・ヘリル議長が、二〇一〇年までに二〇〇ドルに達するだろうと発言したが、この予測を笑う者はいなかった。ゴールドマン・サックスはヘリルより前に二〇〇ドル時代の到来を予測。ドイツ銀行のアナリスト、アダム・ジーミンスキーは二五〇ドルに達する可能性を示唆(しさ)している。

私はゴールドマン・サックスの予測は正確であると書いた。その理由も書いた。一時は沈静化したものの、これから再度、原油価格は上昇を続け、二〇〇ドルを超えることになる。ゴールドマン・サックスは、シティなどにサブプライムで大儲けさせて、自らは原油価格の上昇に全力を注いだのである。一過性の利益よりも将来性のある利益に賭けたのである。

二〇〇八年七月に一バレル＝一四〇ドルを超えた原油価格は、十月には九〇ドル前後にまで下落した。株価が一万ドルを切ると同時にさらに値下がりを続けている。このため中近東のドルが、イギリス経由でアメリカに入りにくくなった。これがアメリカの経常赤字を増やしている。アメリカはこの経常赤字を埋めるために、国債を海外に買ってもらうべく躍起になっている。ニューヨークの株価の下落は原油価格の値下がりによるのである。

やがて原油価格は高騰を始める。ゴールドマン・サックスとその背後のロンドン・シティはその時をじっと待っているのである。

サブプライムを仕掛けた真犯人は、ゴールドマン・サックスの真の経営者にちがいない。そいつらは海の向こうにいるにちがいない。そいつらは、イギリスとスイスにいると私は睨んでいる。国際金融寡頭勢力が、多くの銀行家、投資会社のトップをどこかにある時集めてストーリーを語ったにちがいない。証拠はあるのか、との問いに私は次のように答えて話を進めようと思うのである。

――そんな証拠の一片もない。だからこそ、悪徳の神々を捜し出す努力をしないといけないのだ。この世界に悪疫のサブプライムというペスト菌をまき散らした奴らの正体を暴き出す以外に人類の未来は暗いのだ――。

これから私は盟主とやらがどこにいるのかを捜す旅をしてみよう。読者も考えられよ。彼らに騙されない人間になるためにも。

●――「マネーの疫病神」はこの世界のどこにいるのか

二〇〇七年十一月、アメリカの会計検査院は次のような発表を行った。

「アメリカ政府の累積赤字は五三兆ドルにものぼり、救済の可能性はゼロに等しい」

二〇〇六年、BIS（国際決済銀行）は、「ミッシング・オイルマネー（消えたオイルマネー）」と題するリポートを発表した。

BISは過去五年のOPEC（石油輸出国機構）のオイルマネーを資本受け入れ国側のデータと比較した。そして「その七〇%に当たる四八六〇億ドルが行方不明である」と指摘した。その理由として、①オフショア取引がデータに含まれていないこと、②産油国の投資の活発化、③ヘッジファンド等に流れている可能性、を挙げた。

以下の文章は「エコノミスト」（二〇〇七年十一月十二日号）からの引用である。筆者は東伸行（ひがしのぶゆき）、玉木直季（たまきなおき）である。少々ながい文章だが、読みごたえがある。


中東マネーは9・11テロ以降、いったんは米国から引き揚げたと言われるが、マクロで見れば、結局、中国と中東が米国の赤字をファイナンスしており、米国が低金利の下で景気拡大を続けられた理由がそこにある。ただ、実際の資金フローの追跡は難しい。GCC〔湾岸協力会議〕諸国の過去五年間のオイルマネーの行方を追うと、直接の米国証券投資は一七八二億ドル、欧州の銀行預金増が三五三億ドル、M&A（企業買収）が四四八億ドル、ここまではデータで捕捉可能だが、残り二八三一億ドルは捕捉できない。米国財務省統計で見ると、同時期に米国長期証券投資を増加させたのは、トップが「英国」。次いで「日本以外のアジア」で、これは主に中国。第三位が「カリブ」。中国はともかく、なぜ英国やカリブが増えたのか。考えられるのは、オイルマネーがまず欧州やオフショアセンターに入り、英国経由で米国の証券市場で運用されていること。もう一つは、カリブにあるヘッジファンド等を経由して米国に投資されている可能性がある。

この記事の筆者は二人とも、国際協力銀行ドバイ駐在員事務所に勤務している。従って、オイルマネーに通じている。

アメリカは巨大な貿易赤字を抱えている。その貿易赤字の穴埋めをしているのがイギリス経由のオイルマネーである。どうしてイギリス経由なのか。この答えは難しい。しかし、単純に考えてみよう。オイルマネーを増やすのに中東の産油国の連中は、イギリスに巣食う、もっと具体的に書くならば、ロンドン・シティにある銀行を介してアメリカに投資しているのである。ロンドンの銀行を介してアメリカにマネーを投資するかわりに、中東産油国は原油の高騰を依頼している。イギリスの国際金融寡頭勢力の面々はアメリカの国債や証券に投資をしている。この金がアメリカの財政赤字の穴埋めになっている。

ここから、もう一度サブプライム問題を検討してみようではないか。私は、このイギリスに巣食う国際ユダヤ資本家たちが、スイスに巣食う、やはり同じ国際ユダヤ資本家たちと組んでサブプライムを仕掛けたと思っている。どうしてか、と読者は問うであろう。それは以下の説明をすることで理解できよう。

二〇〇一年九月十一日にニューヨークでツインタワーが崩壊した。あの〝事件〟はどうして起きたのかは書かない。私はあの事件が一つの変化を世界に与えたことを考え続けていた。あの事件後に、ロンドン金融市場がニューヨーク市場を超えて世界一となった。あの9・11は、ひょっとすると、ロンドンを世界一の金融センターにせんとする人々が仕組んだ策謀ではなかったのかと私は思っている。ロンドン・シティはあの9・11後にアメリカの金融権力を崩壊させる策を次々と打ち出している。その策謀は見事に成功したではないか。サブプライム惨事を仕掛けられたアメリカは、滅亡という名のシナリオ通りに滅びの道をたどっているではないか。

では、ここで一つの銀行の例を挙げて、その私の説の傍証としたい。日経新聞（二〇〇八年四月二十二日付）を見ることにする。

リスク管理が不足／UBSが損失報告書

スイスの金融大手UBSは二十一日、巨額損失計上の原因を分析した報告書を公表した。損失発生の背景について「収益拡大に焦点を当て、リスク管理能力が不足していた」と指摘した。

報告書はスイスの銀行監督当局の求めで作成した。損失は当初、傘下の米ファンド、ディロン・リード・キャピタル・マネジメント（DRCM＝解散済み）で発生。その後、本体の債券部門に拡大した。金融混乱が広がっていたが、投資銀行部門は収益拡大を追求しており、「リスク管理などの経験に欠けていた」という。事業の承認過程も複数存在するなど複雑な経営構造にも問題があった。UBSは金融市場の混乱に絡み〇七年十二月期と〇八年一－三月期に合わせて三百七十億ドル（約三兆七千億円）を超す損失を計上した。

私はシティが損失を一方で出しながら、SIVという幽霊会社を通して簿外の巨額のドルをケイマン諸島などのタックス・ヘイブンに隠していると書いた。スイスの大手銀行UBSも、シティと同様に巨額のドルやスイスフランを隠したと思っている。四月二十五日の日経新聞には、クレディ・スイスが「二二〇〇億円の最終赤字／一－三月、サブプライム響く」という見出しで記事が出ている。

クレディ・スイスが四半期決算で赤字を計上するのは二〇〇三年四月－六月期以来約五年ぶり。金融混乱に絡む同社の損失は〇七年十二月期から累計で八十五億スイスフラン（約八千七百億円）に達した。

一－三月期の損失額は、三月に公表していた見込み額（十七億スイスフラン）を大きく上回った。これまでも見込んでいた債務担保証券（CDO）などのサブプライム関連に加え「レバレッジドローン」と呼ばれる企業買収向け融資の残高について十七億スイスフラン、商業不動産市場への投資残高について八億スイスフラン、それぞれ評価額を引き下げた。投資銀行部門は三十四億六千万スイスフランの赤字となった。

クレディ・スイスはUBSと並ぶスイスの巨大銀行である。私はこの二つの銀行が新聞の記事どおりに巨額の赤字を出したとは思っていない。この二つの銀行も利益を簿外としてタックス・ヘイブンに送っていると思っている。特にUBSに注目したい。ディロン・リード・キャピタル・マネジメント社を傘下に入れて、利益を上げて、損が出たときにこの会社を解散させたとみる。

イギリスのロンドン・シティが国際金融の中心であると私は書いてきた。日経新聞（二〇〇八年四月二十三日付）の記事を引用する。

英銀ＲＢＳ、二兆円超増資／サブプライム今期一兆円損失処理

英銀二位のロイヤル・バンク・オブ・スコットランド（ＲＢＳ）は二十二日、米国の信用力の低い個人向け住宅融資（サブプライムローン）問題を発端とする金融市場の混乱に関連して、二〇〇八年十二月期中に五十九億ポンド（約一兆二千億円）の損失を処理する見通しだと発表した。資本不足を補うため、百二十億ポンド（約二兆四千億円）の巨額増資を実施する。

ＲＢＳが計上するサブプライム関連の損失額は〇七年十二月期と合わせると約八十三億ポンドに達する見込み。欧州の金融機関ではスイスのＵＢＳが今年一－三月期までに計三百七十四億ドルの損失を処理すると表明しており、それに次ぐ規模となる。ＲＢＳが大型増資に踏み切ることで、米国の金融機関に比べ、資本増強に慎重な姿勢を見せていた他の欧州銀が追随する可能性もある。金融市場の混乱でＲＢＳが保有する証券化商品の含み損などが拡大。（以下略）

記事には、「百二十億ポンド（約二兆四千億円）の巨額増資を実施する」とある。この巨額増資に応じたのは、ゴールドマン・サックス、メリルリンチ、UBSの三行であった。

ロイヤル・バンク・オブ・スコットランド（RBS）は国際ユダヤ資本を主とする銀行である。ゴールドマン・サックスとは闇の領域で深く結ばれている。シティグループと同様である。メリルリンチはかつてはロックフェラー系であったが、今はユダヤ系と深く結ばれている。RBS、UBS、メリルリンチの三行はサブプライム惨事の演出をした主要グループである。資本の増強という面からのみ見るべきではない。RBSは二〇〇七年にはオランダ最大手銀行ABNアムロを分割買収した。米誌フォーチュンによると、二〇〇五年の総資産は約一兆三三六億ドル（約一三七兆円）である。これは表面的な資産である。RBSはイギリス一の老舗銀行である。二〇〇〇年にはイギリス銀行大手のナショナル・ウェストミンスター銀行を買収している。シティグループのたびたびの危機を救ったのはこのRBSであった。二〇〇八年五月三十一日現在の世界の銀行の総資産ランキングで、RBSは約三兆八〇〇〇億ドルで一位となった。三年たらずでその資産を二兆四〇〇〇億ドルも増やした。RBSはどうしてこんなに儲けたのか。

イギリスの銀行の最大手の一つがHSBCである。シティグループ、UBS、メリルリンチの次にサブプライム損失が多いのが、バンク・オブ・アメリカ、RBSとともにHSBCである（二〇〇八年三月現在）。HSBCは、かつて中国での麻薬売買で財を成したロスチャイルド系の銀行である。今日でも、タックス・ヘイブンの闇ルートで中国に巨額の資金を流している。〇八年一―三月期に総額五八億ドル（約五八〇〇億円）の損失をHSBCは発表した。

イギリスとスイスはポンド、スイスフランという国貨を維持し続けて、ユーロは採用していない。ドイツ、フランスの大手銀行もサブプライム惨事による損失を出しているけれども比較的損失は少ない。ユーロを採用する国家とイギリス、スイスははっきりとサブプライムで相違点がみえる（フランスのソシエテ・ジェネラルには多少不可解な一面が見え隠れする）。

ここで私は一つの結論を書いて、前に進もうと思う。

サブプライム惨事を仕掛けた疫病神（やくびょうがみ）はイギリスとスイスにいた。彼らは国際金融での支配をより強固にし、かつ、金融のみならず、資源という富を手に入れるべく二十一世紀の初頭から従来の方針を大胆に転換した。そのためにサブプライム問題をアメリカに仕掛けた。イギリスのHSBC、RBS、バークレイズ、スイスのUBS、クレディ・スイスの五大銀行の間で青写真が出来上がった。彼らはまず、ゴールドマン・サックスの実質的オーナー、及びCEOらをスイスのチューリヒかダボス、またはイギリスのロンドン・シティに呼びつけた。ゴールドマン・サックスに具体的なプランが示された。ゴールドマン・サックスはさらに具体的なプランの作成を命じられた。この年月は判明しないが、一九九九年の十月から十二月ごろであったと推測する。どうしてか。ＪＰモルガンが倒産の危機に陥り、チェース・マンハッタンと合併したのが、この年の九月であったからだ。

私は前著『金の値段の裏のウラ』でこの間の出来事を書いた。アメリカの銀行は、イギリスとスイスに巣食う、金を支配する者たちから金デリバティブ戦争を仕掛けられ敗北した、と書いた。そのときに最大の被害を被った銀行はＪＰモルガン、チェース・マンハッタンという、アメリカのＷＡＳＰ所有の銀行であった。この二行は合併した。ＪＰモルガン・チェースの誕生である。同時に、シティグループとバンク・オブ・アメリカも巨額の損失を出した。

この損失はどのように補われたのであろうか。彼らの危機を救ったのは9・11事件であった。貿易センタービルでは九月十二日に償還期限がやってくる一二〇〇億ドル分のブレディ債が、金塊とともに消えたと書いた。それ以外にも、ＪＰモルガン・チェース、バンク・オブ・アメリカ、シティグループを救出するプランとその結果について触れた。

読者はここまで私が書いてきて気づかなかったであろうか。このアメリカの三大銀行が、ＳＩＶという幽霊会社が持つガセネタの各々の証券の発行主であったということを……。

巨額の負債を背負った三行はゴールドマン・サックスから、大いなる策謀プランを示された。三大銀行はこれに応じたのである。それゆえにゴールドマン・サックスはこの策謀にほんの少しの投資をするだけである。しかし、前述したように、原油価格の高騰で大儲けする。また、三大銀行がサブプライム売買に狂奔しているときに、資源ファンドを駆使し、彼ら以上に膨大な利益を上げるのである。

それではJPモルガン・チェースとバンク・オブ・アメリカについて記すことにしよう。

JPモルガン・チェースについては、シティグループの項で多少は触れた（ベア・スターンズとの合併劇は後述する）。

JPモルガン・チェースは二〇〇八年四月十六日に一－三月期の決算を発表した。その中で、サブプライム危機の深刻化に伴い、信用収縮に関連して約六〇億ドルの損失を計上した。今回の決算で、JPモルガンが〇七年下半期以降に計上した一連の信用収縮に関連した損失は一一〇億ドルほどに達した。JPモルガン・チェースがシティやメリルリンチより損失額が少ないのは、二〇〇七年の初めから不良債権の整理にいちはやく取り組んだからである。

バンク・オブ・アメリカは二〇〇七年十月－十二月期にCDO関連で四九億ドルの損失を計上した。SEC（証券取引委員会）に提出した報告書（二〇〇八年四月）によれば、簿外SIVの総額は九〇億ドル。バンク・オブ・アメリカもSIVの総資産を隠していると思われる。これらの資産の全貌は誰もつかみえない。しかし、この九〇億ドルのSIVは損失として計上されることは間違いない。ＪＰモルガン・チェースも二〇〇七年末時点でＳＩＶが二七億ドルであるとＳＥＣに報告書を出している。数百億ドル単位のＳＩＶを持っていたこの大銀行二行が売りに売りまくっていたことを、このＳＥＣへの報告書が明かしてくれる。それらの簿外のＳＩＶが創り出したマネーはすべてタックス・ヘイブンに消えたのである。

二〇〇八年六月二十六日、バンク・オブ・アメリカは米住宅ローン最大手のカントリー・ワイド・フィナンシャルを買収すると発表した。サブプライム後の住宅ローンに支配的影響力を発揮するのは間違いなくバンク・オブ・アメリカである。なお、バンク・オブ・アメリカは七五〇〇人の従業員を整理するとも発表した。

――グリーンスパンに吹かせた「バブル終了の笛」

英国の中央銀行であるイングランド銀行は二〇〇七年四月に「金融安定化報告書」を発表し、金融市場を不安定化させかねない六つのリスクを挙げた。その中に巨大複合金融機関についての警告をのせた。巨大複合金融機関（ＬＣＦＩ＝Large Complex Financial Institutions）は十六社あるとしている。以下、その名を記す。

オランダ＝ＡＢＮアムロ*
イギリス＝バークレイズ／ＨＳＢＣ／ＲＢＳ*
スイス　＝クレディ・スイス／ＵＢＳ
ドイツ　＝ドイツ銀行
フランス＝ソシエテ・ジェネラル／ＢＮＰパリバ
アメリカ＝バンク・オブ・アメリカ／ゴールドマン・サックス／
　ＪＰモルガン・チェース／メリルリンチ／リーマン・ブラザーズ／
　シティグループ／モルガン・スタンレー

この中で、ＡＢＮアムロとＲＢＳは二〇〇七年に合併した（＊印）。リーマン・ブラザーズは二〇〇八年九月に破綻した。ドイツ銀行はクレディ・スイス、ＵＢＳと同様にユダヤ財閥（特にロスチャイルド）系統である。しかし、サブプライム惨事での損失も比較的少なく、ＵＢＳやクレディ・スイスほどにこの問題の影響はあまりないと思われる。ＢＮＰパリバ、ソシエテ・ジェネラルの二大フランス銀行については後述する。バークレイズは日本の銀行との関係のところで書くことにする。

これらのＬＣＦＩは全部、なんらかの形でサブプライムに関わっている。私は確証を持ちえないが、このＬＣＦＩと他の巨大銀行と投資銀行などがシドニィ・シェルダンが書いた『神の吹かす風』のような会議を持ったのではないかと思っている。

「エコノミスト」（二〇〇七年七月三十一日号）の「システミックリスクを誘発するヘッジファンドと巨大金融機関の一体化（草野豊己）」から引用する。

二〇〇一年に一〇兆ドル以下だったＬＣＦＩ十六社の総資産は〇六年には二二兆ドルを超えて五年間で倍増。資産増加の中心は、〇一年の二兆ドルから〇六年には全資産の三割、七兆ドルまで拡大されたトレーディング資産だ。

ＬＣＦＩがいかにハイリスク・ハイリターンの体質に変化しているかは〇六年の収入の増加率を地域別・業態別に四グループに分類して比較すると明白だ。トレーディング能力やヘッジファンド向けビジネスに強い米証券会社が四八％増、英国以外の欧州のＬＣＦＩが四五％増、英国のＬＣＦＩが二四％増なのに対して、米商業銀行はわずか四％増だったからだ。

読者は新聞で、「シティが一〇〇〇億円の損失を出した」「ＵＢＳが一五〇〇億円の損失を出した」……と読まされて、欧米金融機関がさも大損失をしているかのように報道されているのを鵜呑みにしているのではないだろうか。サブプライムを仕掛け始めた二〇〇一年（あの9・11を想起されよ）から、サブプライム取引がピークを迎えた二〇〇六年の間に、LCFIの連中は、その総資産を一〇兆ドル（一〇〇〇兆円）から二二兆ドル（二二〇〇兆円）に増やしている。LCFIのサブプライムによる損失総額は、どんなに多く見積もっても、日本円にして三〇兆円程度である（二〇〇八年七月現在）。しかも、LCFIの総資産といわれるものは、公表されたものよりも多いはずである。私は、シティがSIVなる幽霊会社を創り、そこで得た大金のほとんどをタックス・ヘイブンに隠した、と書いた。もし、この資産を加えるならば、総資産は公表の二倍以上となるであろう。私がサブプライム惨事が八百長であるという説を立てる一つの理由がここにある。

LCFIはどうして総資産を増殖できたのか。私が前にも書いたように、世界を支配する外為市場があの9・11事件の後にロンドンに移ったからである。BIS発表（〇四年四月）を見ることにしよう。

ロンドン市場（一日の取引量）＝七五三〇億ドル
ニューヨーク市場＝四六一〇億ドル
東京市場＝一九九〇億ドル

ロンドンが為替投機の中心地となり、ヨーロッパのドルがアメリカに還流しだした。ＬＣＦＩの連中は何を企んだのか？　アメリカでサブプライムというガセネタのローンを大量に作らせ、これを証券化し、ヘッジファンドを使い、彼らに運用資産を貸し、その資産に何十倍ものレバレッジを掛けさせ、そいつでガセネタの証券を自由に空売りさせる。俗にプライムブローカーといわれる、顔は人間だが心は野獣の連中が、世界中を駆けめぐったのである。

金融の世界はどうなっていったのか。リスクが溢れだしたのだ。ＬＣＦＩの連中は、アメリカを借金漬けにして、ドルの価値を下落させた。ユーロとドルの為替差に投機資金を投入した。サブプライムで儲けるのは一部の銀行と投資会社である。アメリカに大量のドル紙幣を印刷させ、そいつを横取りした。その結果が二〇〇一年から〇六年の間の一〇兆ドルを超える荒稼ぎだった。そこで、ＬＣＦＩの連中は前ＦＲＢ議長のアラン・グリーンスパンに、バブル終了の笛を吹かせた。

二〇〇七年二月、グリーンスパンは、香港での会議に衛星回線で参加した。米国経済に関する質問を受けたグリーンスパンは、「年末に景気後退する可能性は三分の一程度ある」と答えた。それをテレビで見ていた香港の投資家たちは、米国経済が後退すれば、中国経済にも大きな影響が出ると考えた。翌日、中国の投資家たちは上海市場や香港市場に殺到した。これが

「世界同時株安」の切っ掛けになったのである。

グリーンスパンは〝口がすべった〟のであろうか。そんなことはない。二〇〇四年から〇六年にかけてピークを迎えたバブルの終了の時が来たのである。ＬＣＦＩの連中はバブル崩壊のシナリオ作りを二〇〇六年の後半からしていたにちがいないのだ。ここではシナリオの一つ、ベア・スターンズの計画倒産劇を書いて次章に移ることにしよう。

●――ベア・スターンズの消滅は計画どおりだった

ベア・スターンズの経営不安が騒がれだしたのは、二〇〇八年二月に入ってからである。ゴールドマン・サックスのＣＥＯからブッシュ政権の財務長官に任命されたヘンリー・ポールソンは三月上旬まで、ベア・スターンズの救済に公的資金を注入するのに反対していた。バーナンキＦＲＢ議長も同意見であった。しかし、最終的にベア・スターンズの救済に動いたのはその財務長官であった。

三月十六日、ベア・スターンズは救済された。この経営破綻した大手投資銀行にＦＲＢは連鎖倒産を防ぐためとして二九〇億ドルの融資を決めた。ベア・スターンズは自己資金が八〇〇〇億ドルしかなかった。ＬＣＦＩとは全く異なっていた。しかし、アメリカの国家歳入を超える巨額な投資ポジションを維持し、世界中の金融機関に商品を売りさばいていた。どうしてベア・スターンズはかくも巨額の投資ポジションを維持することができたのか。

ベア・スターンズはＬＣＦＩの操り人形であった。たぶん、ＬＣＦＩの連中がサブプライムに注目したのは一九九〇年代の末期のはずである。ＩＴバブルの崩壊、９・11事件と続く二十一世紀の初頭、ベア・スターンズは不動産担保ローンに注目し、これを証券化していた。リーマン・ブラザーズなどがプライムの住宅に的を絞ってローンの証券化をしていた頃である。二〇〇一年ごろから、ベア・スターンズはサブプライム専門大手となった。従って、私はベア・スターンズがＬＣＦＩ、すなわち、巨大複合金融機関からサブプライムで誘惑されたとみている。巨額のマネーがベア・スターンズに流れた。ＬＣＦＩはベア・スターンズに大量のサブプライムローン担保証券をつくれと迫りだした。彼らがつくる債務担保証券（ＣＤＯ）のための、住宅ローン債券の供給が追いつかなくなった。かくてサブプライムによるバブルが創造された。レバレッジを利かされたＣＤＯが数兆ドル単位で乱造され続けた。その保証もベア・スターンズがすることになった。だから住宅バブルがはじければ、ベア・スターンズが破綻するのは当然なのである。しかし、ベア・スターンズが倒産すると、ＬＣＦＩの悪業がばれてしまう。そこで、ＦＲＢのバーナンキ議長とポールソン財務長官に脅しをかけてベア・スターンズ救済劇が誕生したのである。ベア・スターンズの経営者と幹部たちは自社株を高値で売って大金を得た。また、ほとんどの幹部はLCFIの銀行へと転職していった。どこに損があろうか。ベア・スターンズのCEOと重役たちは大儲けし、三〇〇億ドル近くの金をFRBから供給されてベア・スターンズを吸収合併したJPモルガン・チェースも大儲けしたのである。しかし、多くの従業員は解雇された。年金も貰えるかどうかもわからないのだ。

そして、もっと重大なことがある。

ベア・スターンズは多くの経済誌紙が投資銀行と書いているが、実際は〝投資会社〟である。投資会社をアメリカ国家が救済するということは、サブプライム証券を、あの汚れきっているガセネタを、アメリカ政府が正式に〝貨幣〟であると認めたことに他ならないのだ。

過剰なドルが世界中に溢れ、一〇〇兆ドル近い株式や債券やマネーサプライが氾濫しているが、これらはすべて〝貨幣〟なのだ。アメリカは巨大複合金融機関に屈したのである。

世に、世界秘密結社とかイルミナティとかフリーメイソンの組織があると言い立てる人々がたくさんいる。私たちは、この巨大複合金融機関（LCFI）を知ることにより陰謀論者の正体を知ることができる。LCFIの連中は自分たちの真の悪業を隠すために陰謀論者を〝育てている〟のだ。

私たちの住むこの世界は絶望的なのであろうか。私たちは彼らの正体を知り、日々報道されるニュースの中に真実のかけらを探さなければならない。後述するけれども、多くの銀行はF

ＲＢと財務省により一兆ドルに迫る融資を受けている。あのベア・スターンズの救済劇でこれから発生する巨額の金融劇はすべてアメリカ政府が保証することになった。これで一件落着ではないかと、日本の投資銀行や投資会社の馬鹿面したチーフエコノミストたちは書いている。アメリカという国家が巨大な金融勢力に敗北した日が二〇〇八年三月十六日なのだ。この地球上にＬＣＦＩという名の怪物が誕生した日なのである。

二〇〇八年六月十九日、アメリカ司法省とＦＢＩ（連邦捜査局）は、全米の四〇六人をサブプライムをめぐる詐欺で訴追した。また、連邦検査局がベア・スターンズの幹部二名を証券詐欺で訴追した。小物は逮捕される。しかし、サブプライム・バブルを仕掛け、兆ドル単位の資産を増やした連中はぬくぬくとしている。

［第二章］

八百長サブプライムの謎を解く

●──疫病神に育てられたＦＲＢ議長

アラン・グリーンスパンは自伝的な著書『波乱の時代』（二〇〇七年）の中で次のように書いている。

現在、ロンドンは、国際金融取引で世界をリードしているといわれている（巨大なアメリカ経済の資産供給源であるため、ニューヨークが世界の金融の中心であることに変わりはないが）。十九世紀に国際金融市場を支配していたロンドンの復活は、一九八六年の「ビッグ・バン」からはじまった。これにより、イギリスの金融業界では大幅に規制が緩和され、それ以降、逆戻りしていない。新たな技術によって、世界の貯蓄を世界の工場や設備の投資に振り向ける効率が劇的に向上した。このように資本の生産性が向上したことで、金融の専門家の所得があがり、金融業界は繁栄した。

グリーンスパンは、ロシアからの亡命者である小説家でユダヤ人のアイン・ランドに育てられたユダヤ人である。アイン・ランドはフランスに住む、フィリップ・ロスチャイルドの愛人であり、小説『水源』の作者である。グリーンスパンはロスチャイルドという言葉を自著の中で全く使わない。グリーンスパンはアイン・ランドの小説『水源』について前出の自伝の中で次のように書いている。

わたしはランドの小説を読んで、感激した。ハワード・ロークという建築家の物語であり、自分の理想の実現をはばむ圧力に雄々しく抵抗する。大規模な公共住宅プロジェクトで自分の設計が変更されていることを知って、工事中の建物を爆破するが、裁判で無罪判決を勝ち取る。ランドがこの小説を書いたのは、理性、個人主義、洗練された自己利益を強調する哲学を示すためである。後に、ランドはこの哲学を客観主義と呼ぶようになる。いまでは、自由意思論（リバタリアニズム）と呼ばれている。

グリーンスパンがロンドンについて書いている。そこに間違いなくロスチャイルドの一族が住んでいる。ロンドン・シティが「国際金融取引で世界をリードしている」と彼は書くけれどもそれは表面的な見方である。私はグリーンスパンはアイン・ランドの愛人となることにより、ロスチャイルドからの寵愛（ちょうあい）を受け、出世街道を歩むことができたと思っている。すなわち、あの巨大複合金融機関にとって都合のよい人間に仕立て上げられたのだと思っている。

アイン・ランドの小説『水源』を私は読んでみた。この長大な小説を読みつつ、主人公のハワード・ロークは、国際金融寡頭勢力の一員と同じような精神の持ち主にちがいない、と私は思った。心苦しい思いで、正直いって読むのがつらかった。グリーンスパンはハワード・ロークのような強欲さの持ち主にちがいないと、彼の自叙伝を読みつつ理解した。自由意思論（リバタリアニズム）は恐怖をこの世にまき散らす思想だと私は思っている。悪しき個人主義だと考えている。グリーンスパンは間違いなく、アイン・ランドに育てられ、ロスチャイルド財閥の影の一員に迎えられた男にちがいないのである。

一冊の本を紹介したい。日銀、BIS、IMFでの勤務を経験した吉國眞一の『国際金融ノート』（二〇〇八年）である。彼は熱烈なグリーンスパン信奉者である。

グリーンスパンの退任直前にイギリスの経済紙ファイナンシャル・タイムズ（FT）が彼の発言の中から教訓的なものを選んで「グリーンスパンの十戒」というのを特集したが、その中に「バブルははじけてみて初めてバブルとわかる」といった有名な言葉と並んで、「自分の判断を絶対視せず常に柔軟であれ。どんな場合にも予期せぬ出来事が起こることを想定せよ」というのがある。グリーンスパンは基本的には「徹底した自由放任主義」の経済哲学を信奉しており、講演の中では、しばしばアダム・スミスの見えざる手に言及するなど経済に対する公的部門の介入に対して極めて否定的な見解の持ち主とされる。しかし、実際の政策運営においてはそうした哲学に囚われることなくヘッジ・ファンドＬＴＣＭの救済にみられるように極めてプラグマティックな姿勢を貫いたのはまさにそうした柔軟な思考のたまものだろう。

このようなグリーンスパン評価論が多い。否、グリーンスパンを非難する日本の経済学者は皆無なのが現状である。疫病の大流行のことをパンデミックという。私は、グリーンスパンをサブプライム・パンデミックの蔓延（まんえん）を推し進めた指導者の一人であると思っている。では、グリーンスパンの行動を見てみよう。『国際金融ノート』の中に彼の行動（哲学ではない）の秘密が洩れ出ている。「……しばしばアダム・スミスの見えざる手に言及するなど……」

グリーンスパンは、巨大複合金融機関（ＬＣＦＩ）の〝見えざる手〟に操られてパンデミックを演出していたのである。

●――「根拠なき熱狂」発言からサブプライム惨事への道程

グリーンスパンの演出したパンデミックの代表的なものは「根拠なき熱狂」発言である。それは一九九六年十二月五日のことだ。彼はＦＲＢ議長として、理事会メンバーの講演内容をテキストの形で事前にマスメディアに配布する。その中でグリーンスパンは「われわれは、根拠なき熱狂（irrational exuberance）がいつ資産価格を過度に押し上げ、そして過去一〇年間に日本で発生したように長期的な経済の収縮につながるか、知る術はあるのだろうか？　そして、われわれは、資産価格をどのように金融政策に反映させればよいのか、知る方法があるのだろうか」と書いていた。

この中の〝根拠なき熱狂〟が、翌十二月六日の日経平均終値を六六七円二〇銭（三・一九％）安の二万〇二七六円七〇銭に落ち込ませたのである。東京市場、欧州市場の後を受けて開かれた十二月六日のニューヨーク株式市場はダウ工業株三〇種平均が、朝方、一四四ドル六〇セント（二・三％）も急落した。この件については後は書かない。

私は「根拠なき熱狂」発言は、前にも書いた巨大複合金融機関の指図であったと思っている。彼らは市場の混乱を演出し、マネーフローのカオスの中で金を稼ごうとするからである。その最もよき例がサブプライムである。

今回のサブプライムと同様の事態が一九八九年ごろからのグリーンスパンの演出である。先代ブッシュ政権のスタート時点でＦＲＢの政策金利は九％であった。グリーンスパンは金融引き締めに入った。そして景気後退となり、Ｓ＆Ｌ（貯蓄貸付組合）による過剰融資を主因とする不動産バブルの崩壊となった。このときもアメリカ政府は銀行の救済に乗り出した。当時の価値で五〇〇〇億ドルを超える巨額が闇の世界に流れ、巨大複合金融機関を潤(うるお)した。今回と同じような事態が起こっていたのだ。

グリーンスバンはグローバル金融市場を混乱させるべく暗躍していたのである。サブプライムはグリーンスパンが残した負の遺産である。

サブプライムとイラク戦争とは連結している。加藤出(かとういずる)と山広恒夫(やまひろつねお)の『バーナンキのＦＲＢ』（二〇〇六年）から引用する。

二〇〇一年のブッシュ政権の誕生から、イラク戦争に突入した二〇〇三年までにグリーンスパン議長がホワイトハウスの政治担当の高官を訪問した回数は四四回で、クリントン政権時代のわずか三件の十数倍に急増した。議長は旧友のチェイニー副大統領のほか、コンドリーサ・ライス国家安全保障担当補佐官（当時）、カード首席補佐官を訪れることが多かった。一方、グリーンスパン議長は、クリントン政権時代には、財務省を訪問する機会が多かった。その頻度はブッシュ政権下での財務省訪問を上回った。

二〇〇二年十一月六日のＦＯＭＣ〔米連邦公開市場委員会〕はフェデラルファンド金利の誘導目標をそれまでの一・七五％から一気に一・二五％まで引き下げた。この大幅利下げの理由は、景気が予想に反して減速した場合の「保険」だった。実際には、対イラク戦争強硬派のチェイニー副大統領とのたび重なる面談で、戦時体制への備えを急いだ面も見逃せない。

グリーンスパンとチェイニー副大統領はイラク戦争を演出すべく、ブッシュが大統領に就任したときから会談を繰り返していた。ブッシュ新大統領は「アメリカン・ドリームを実現しましょう。ヒスパニックの人々にもマイホームが持てるように努力する」と語った。グリーンスパンは政策金利を下げに下げた。ブッシュ大統領は所得税を下げた。財政赤字が増大した。グリーンスパンはドルを大量に印刷し、ブッシュ大統領の手に渡した。やがて、二〇〇三年、赤字財政のなかでイラク戦争に突入した。アメリカ中に住宅バブルが進行していたので、イラク戦争への世論の反対は少なかった。イラク戦争を遂行するためにも住宅バブルが必須条件であったのだ。

サブプライムローンによる住宅が増加していった。住宅価格は二〇〇一年からさらに上昇し続け、五年間で二倍前後に急騰していった。住宅バブルの高騰については後述する。

グリーンスパンはバブルではないかと問われると、「これはフロス（froth＝小さな泡粒）だ」と命名した。グリーンスパンは決して「バブルだ」とは言わなかったのである。彼はアメリカの経常赤字についてどう答えたか。

「私は経常赤字は、グローバル化を反映した市場現象だと思っている。この現象は永遠に続くわけではない」

グリーンスパンはアメリカの経済を市場経済に、しかもグローバル化した市場経済の下に、チェイニー副大統領とともに投げ出したのである。FRBは、イラク戦争を強引に開始したブッシュ大統領、チェイニー副大統領とともにアメリカを大赤字国家に仕上げた。

ウィリアム・A・フレッケンシュタインとフレデリック・シーハンの『グリーンスパンの正体』(二〇〇八年)の中に、ロバート・キャンベルの二〇〇七年九月のニュースレターが記載されている。

超低金利、そして本来融資対象外だった住宅購入者までをも対象とした度を超した信用拡張政策によって、グリーンスパンの金融政策は、アメリカを巨大な住宅バブルへと導いた。しかも住宅価格を下支えするものはない。しかしご存じだろうか? いったん住宅価格の上昇が止まれば(上昇は常にいつか止まるものだが)、現実が迫り、市場は混乱し、住宅価格は下落するのだ。というのも、それまで盛んに借金してきた借り手が、この住宅ローンを返済できないことに気づくからだ(そもそも最初からとても返済できるような額でない場合もあったが）。

不動産バブルはグリーンスパンを中心にして演出された。そのために、ブッシュは「アメリカン・ドリーム」を低所得者層に語りかけた。所得税を下げていった。アメリカのＧＤＰに対する負債増加率が上昇していった。グリーンスパンとブッシュ一味が創作した金融革命にアメリカ人たちは陶酔した。そして二日酔いの時代に突入した。この不動産バブルはアメリカ人の借金によって膨張したのだ。

もう一度、『グリーンスパンの正体』から、二〇〇七年十一月十五日のロバート・キャンベルのレポートを見ることにしよう。

二〇〇四年から〇七年まで、銀行および住宅ローン会社は、完済できる可能性がほとんどない、もしくはまったくないような何百万ものアメリカ国民に、超低金利の変動金利型住宅ローンで何兆ドルも貸し付けていた。不動産価格が上昇し続ければこの問題は解決できるという期待から、アメリカの不動産市場は事実上、ネズミ講のような状態になった。つまり既存の債務を返済するために、借金を繰り返すハメになったのだ。あらゆるネズミ講同様、最初から運命は決まっていた。価格が上げ止まれば（常にいつかは止まるのだが）、金融逼迫が起こり、住宅市場の崩壊は免れない。

住宅には所有者が支払った金額に見合うだけの価値がないという判断が住宅市場に広がり、さらに、この判断は全国的にはっきりと示されている。リアルティトラック社が伝えるところによると、アメリカ五〇州のうち四五の州で抵当権実行率（差し押さえ）が上昇している。驚くことではないが、この結果、貸出基準はかつてないほど厳しくなった。二〇〇七年八月、住宅ローンは十七年に及ぶＦＲＢによる銀行の上級融資責任者に対する調査の歴史の中で、最も借りにくい状況になった。

実のところ、銀行の評価損は四〇〇〇億ドルをはるかに超えていた。私が見る限り、不動産ブームの間に何兆ドルもの超低金利ＡＲＭローン〔変動金利型住宅ローン〕契約が結ばれたという事実から、ローンのかなりの部分が、次に挙げるすべての理由から差し押さえになることだろう。

1. ＡＲＭ支払額は五〇〜一〇〇％高く再設定されている。
2. 貸出基準が厳しくなっている。
3. 価格の下落により、住宅の価値がローン支払額よりも低くなっている。
4. アメリカの消費者の収入に対する負債の割合が史上最高になっている。
5. アメリカの貯蓄率が史上最低になっている。

6. 景気後退が差し迫っている。

私がこのロバート・キャンベルのリポートを紹介したのには大きな理由がある。文中の「アメリカの不動産市場は事実上、ネズミ講のような状態になった」という点にある。

私は日本の経済学者、エコノミストと呼ばれる人たちが書いたサブプライム関連の本をほとんど全部読んでいる。手元に数十冊はある。しかし、これらの本に共通しているのは、ロバート・キャンベルのように勇気をもって「サブプライムはネズミ講である」と指摘する一点が欠けているということだ。ネズミ講であるのならば、これを仕掛けた犯人が必ず存在するはずである。私はこの犯人を捜すべくこの本を書いている。そしてこの犯人の実像に迫ろうとしている。私はブッシュ大統領、チェイニー副大統領、ポールソン財務長官、そして誰よりも当時のFRB議長グリーンスパン（二〇〇六年一月三十一日退任）らがネズミ講の仕掛人であるとの見解のもとにこの本を書いている。

ロバート・キャンベルは、ネズミ講がつくられてアメリカはどのように変貌していったのかも書いている。私は「6」の「景気後退が差し迫っている」に注目する。このリポートが書かれたのは二〇〇七年十一月十五日である。そして私のこの本が出るころには一年という年月が流れているだろう。私がこの本を書いている時点で、キャンベルの予測の正しさが証明されようとしている。キャンベルが書いている「不動産ブームの間に何兆ドルもの超低金利ARMローン契約が結ばれたという事実」が、これから大恐慌をもたらすのである。この点は後述することにしよう。

キャンベルはまた、「銀行の評価損は四〇〇〇億ドルをはるかに超えていた」とも書いている。この点を次項で説明する。この本の著者はこのキャンベルのリポートを紹介した後に次のように書いている。

これらすべてを勘案すると、この住宅バブルの破裂が一段落する頃には、銀行の損失が総額で一兆ドルに近づく可能性もまんざらあり得ない話ではない。私たち全員が、FRB議長としてアラン・グリーンスパンがおこなった政策に対する、とてつもない代償を支払わされることになるのは明らかだ。

ネズミ講は犯罪である。これを仕掛けて大儲けした奴は犯罪者として裁判にかけられて当然である。私は、「サブプライムとイラク戦争がセットになっている」と書いた。イラク戦争をするためにはバブルの創造が必要であった。

ジョセフ・E・スティグリッツとリンダ・ビルムズの『世界を不幸にするアメリカの戦争経

済』（二〇〇八年）には次のように書かれている。

拡大した負債のうち貯蓄の裏付けがない部分は、最終的に、投資の減少もしくは対外債務の増加を引き起こす。実際、アメリカの対外債務が急増してきた裏では、常に政府の財政赤字が一定の役割を演じていた。アメリカ政府が国外から調達した借入金は、二〇〇六年度だけでも八五〇〇億ドル。歴史上最も金のかかる戦争を戦っていることもあって、世界一の富裕国が他国に食いぶちを頼るという状況が生まれたわけだ。この状況がいかに深刻であるかは、アメリカ会計検査院長デイヴィッド・ウォーカーの発言を聞けばわかる。彼は現在のアメリカが滅亡直前のローマ帝国と〝驚くほど似ている〟と指摘し、〝遠い異国の地まで戦いに赴く自信過剰気味の軍隊や、無責任な財政運営に明け暮れる中央政府〟など、多くの共通点が認められると警告したのだ。

私も、スティグリッツの主張、デイヴィッド・ウォーカーの懸念に賛成する。私はアメリカを〝滅亡直前のローマ〟だと思っている。

ブッシュ大統領やチェイニー副大統領、ポールソン財務長官、グリーンスパン元FRB議長、バーナンキ現FRB議長らは、アメリカ帝国を滅亡させるべく大西洋の彼方から送り込まれた疫病神の使者なのであった。

それではサブプライム・パンデミックの様相を次項で書くことにしよう。太平洋を隔てて、サブプライム惨事がもたらすパンデミックが日本に襲いかかっているのに、銀行や投資会社のチーフエコノミストたちは今も疫病神が日本に送り込んでくる悪霊たちに気づいていないのだ。LCFIの連中が大儲けしたのに、中小の銀行は悲惨な状況に落とされている。

『グリーンスパンの正体』の中に書かれている「この住宅バブルの破裂が一段落する頃には、銀行の損失が総額で一兆ドルに近づく可能性もまんざらあり得ない話ではない」という文章は、著者には申し訳ないが甘すぎる。アメリカは〝滅亡のシナリオ〟のローマ帝国であり、サブプライムのバブル破裂は、永遠という名がふさわしい〝ローリング・ストーン〟である。アメリカの滅亡の様子を書くことにしよう。

●――国家的な八百長プロジェクトが始まった

サブプライムがアメリカを狂わせていることを書いた。私は初歩的な説明をしないままに書いてきた。しかし、ここで簡単にサブプライムとは何か、を説明してみようと思う。私がこの問題を説明しなかったのには一つの理由がある。それは、解説から始めると、他の本と同じようなものになってしまうからである。しかし、解説すべきであろう。それも私のやり方で説明する。ごくごく簡単にする。そのほうが読者に分かりやすいと思うからである。

アメリカ人が普通に住宅を建てるときにはプライムローンで借りる。しかし、プライムローンで住宅を購入できない人はプライムにサブがついた、少し高い利率で住宅を購入する。ブッシュが大統領になると、アメリカン・ドリームを語った。「ヒスパニックや黒人の皆さん、今まで家を持てなかった皆さんに家を持てるようにします」

　これがネズミ講の始まりであった。グリーンスパンはブッシュ、チェイニー、ポールソン（当時はゴールドマン・サックスＣＥＯ）らと会議をかさね、ネズミ講はどうすればうまくいくかを検討した。結論が出た。ＦＲＢが公定歩合を下げること。銀行に大量に金を貸し出すこと。キリスト教原理主義の生臭牧師たちに貧しい人々への福音を説かせ、国家が彼らに住宅を恵むと説かせること。ＣＭがテレビで、教会の説教で流れだした。多くの不動産ブローカーが暗躍し、借家住まいの貧しい人々に国家の恵みを説いた。「アーメン！」

　住宅建設会社に金が湯水のごとく流れるシステムをＦＲＢと財務省がつくった。グリーンスパンはドルの大増刷を部下に命じた。ブッシュは減税措置をとった。全米の中小の銀行が、住宅会社を援助するシステムをつくった。サブプライムで家を建てた貧者には、家を与えると同時に長期のローンを組ませた。そのローン債券を中小の銀行は買った。どうして買ったのかを考えると、ネズミ講の意味が分かる。中小の銀行はこの住宅担保ローンをただちに、リーマン・ブラザーズやベア・スターンズに売った。この二つの証券会社（投資銀行）は倒産する運命にあったのだ。「ここまでくれば、サクセス！　サクセス！」と、山口百恵の歌が浮かんでこないといけない。読者は次のように考えられよ。

「最初からネズミ講が完成していたんだ！」

その通りである。中小の銀行（これらはアメリカ各地に散らばる主として商業銀行）は、住宅担保ローン債券をリーマン・ブラザーズやベア・スターンズに売り払った。この背後に、あのＬＣＦＩが控えていた。このＬＣＦＩ以外にも他の仲間たちがいた。大元のネズミ講幹部はこのガセネタ（サブプライムの証券）で大儲けをたくらんでいた。それで、ガセネタを三つの分類に分けた。一番上等なもの、二番手のもの、三番手のもの。それぞれ名前をつけられたが憶（おぼ）える必要もない。ネズミ講幹部は、ブッシュ、グリーンスパンもメンバーに入れて検討した。結論が出た。ＦＢＲは承知、ＳＥＣ（証券取引委員会）も承知となった。何が承知なのか。ガセネタを基にして証券を作り、世界中に販売することをだ。このとき、利益は、ＳＩＶという幽霊会社をつくり、タックス・ヘイブンに隠すが問題はないかと問うたのだ。すべての政府機関が「オーケー！」と叫んだ。読者はネズミ講を上から下へと理解されよ。

①巨大複合金融機関（ＬＣＦＩ）の密議↓ＳＩＶの認定↓アメリカの公的機関の全面的承認及び応援↓証券の製造↓販売方法の検討及び現金の回収↓ＳＩＶへ↓タックス・ヘイブンへ

②証券製造の組織の準備↓ＦＲＢ・財務省の協力による大量のドルの借入↓中小の銀行への購入資金の調達↓中小の銀行から住宅ローン債券の買い上げ↓中小の銀行から住宅供給会社への資金提供

中小の銀行から住宅担保証券を買い上げる中心的役割を演じたのがベア・スターンズであった。ネズミ講はいつか滅びる運命にある。ブッシュもチェイニーもポールソンも、そして誰よりグリーンスパンが、滅びることを百も承知で、この国家的プロジェクトに全面協力したのである。物事は下から見ているだけでは分からない。

ここでもう一つ大事なことがある。

それは、ガセネタを売る上で、ガセネタで出来た証券に化粧を施してやらないといけないということである。ネズミ講のトップは、格付会社の大手三社の社長を呼びつけた。ガセネタにトリプルＡの格付けを与えよと迫った。多額の裏金が大手三社に流れた。もう一つの化粧が施された。モノラインという住宅ローンの保証をする連中が呼ばれた。これから売り出す証券すべてに保証書を添えろというわけである。数兆ドル単位の損失の保証などとてもできないのを承知の上で、モノラインという会社は承知した。

かくて、トリプルA、しかも万一の場合の保証つきの証券が世界中にばら撒かれたのである。ネズミ講はここに完成し、二〇〇六年までの数年間で、これを仕組んだ連中は、私が書いたとおり、数十兆ドルの資産をつくった。

もちろん、すべてがネズミ講だというつもりはない。しかし、このネズミ講を彼らがつくらなかったら、サブプライム・パンデミックもなく、アメリカも他の国ものんびりとした経済状態であったはずだ。彼らは、このパンデミックを最大限に利用して数十兆ドルの資産を増やしたのである。

●——巨大複合金融機関が仕掛けた悪夢のシナリオ

少し見方を変えることにしたい。

大澤和人(おおさわかずと)の『サブプライムの実相』(二〇〇七年)を読んでみよう。とにかくこの本は面白いのである。私が書いてきた証券(CDO)のことが書かれている。

責任は誰にあるのか。ガラクタに化粧をほどこしたのは、格付機関だった。クルーグマンは、Ｐｉｍｃｏで一〇三〇億ドルのストラクチャード・クレジットものの旗艦ファンドTotal Return Fund（トータル リターン ファンド）を運用するBill Gross（ビル・グロス）のことばを借用した――誘惑してきた女は、厚化粧して、十五㎝のヒールをはき、背中の下あたりにＡＡＡの刺青（いれずみ）を彫った身持ちの悪い売春婦だった。

日本の銀行マンも、証券マンも、背中の下あたりにＡＡＡ（トリプルＡ）の刺青を彫った身持ちの悪い売春婦に騙されて安宿で戯れたというわけである。騙されやすいのは彼らの顔写真を見れば分かると書いたが、私は正直にそのように思っている。どうしてか。彼らはＡＡＡの刺青に騙されたのに、サルでもするという反省をしていないからである。

『サブプライムの実相』なる本は難解な本である。私はこの本を読んだからこそ、本当にサブプライムの実相に迫ってみようと思ったのである。引用文中に出てくるクルーグマンは二〇〇八年十月にノーベル経済学賞を受賞した学者である。さて、もう一度、大澤和人の本から引用する。この本の九九％は真面目な表現に満ちている。しかし……。

●サブプライム債券。「坂上二郎債券」と覚えましょう。すぐに「飛びます。飛びます」。

●坂上二郎債券を手っ取り早く現金化したい→証券化してバラ売り。しかし坂上二郎債券にもすぐに「飛びます。飛びます」しそうなものと、それほど飛びそうにないものもある。「松・坂上二郎債券」「竹・坂上二郎債券」「梅・坂上二郎債券」とさらにバラす。（中略）

●金融派生商品にうまくブレンドして（つまり紛れ込ませて）、美味しそうに見せて消費者に売りさばく。これは「ミートホープ」と覚えましょう。

●「ミートホープ」がバレないでみんなが美味しいと買ってくれるので、さらにエスカレート。

●クズ肉にダンボールを四：六で混ぜた「ダンボール肉まん」が出現。

●さすがに「なんかこれ、おかしくね？」と気づきはじめる。ババ抜きゲームの終わりが始まっている。

大澤和人はなんとかガラクタ証券が世界中にバラまかれた状況を説明しようとして、坂上二郎がかつて萩本欽一（欽ちゃん）とコント55号という漫才をしている場面を思い出して説明しようとする。私は、ネズミ講システムによって説明した。理論的に知りたい方はこの大澤和人の本を読んで、「飛びます。飛びます」と叫んでみるがよい。サブプライムの実相を知る恰好の教科書である。サブプライム関連の専門用語の解説本ではこれに優るものはない。では、ここで「飛びます。飛びます」

ニューヨーク大学のヌリエル・ルービニ教授が「悪夢のシナリオ」をウェブ上で発表している。彼は1~12のステップを書いている。ここでは「第9ステップ」から「最終ステップ」までを記すことにする。

第9ステップ：ノンバンクなど、影の銀行システムは深刻な状態に陥る。預金を扱わないので中央銀行の支援を受けられず、二、三の大型のヘッジファンド、マネーマーケットファンドなどが倒産する。

第10ステップ：米国と海外の株式市場は米国の厳しい景気後退とグローバルな景気減速を織り込むだろう。景気減速が厳しいものであり、モノラインが救済されず、金融の損失が大きく、非金融分野も利益が低下することがわかってくると、株価は再び下落を始める。

第11ステップ：クレジットクランチ〔信用収縮〕がさらに悪化し、さまざまな金融市場から流動性が干上がるだろう。中央銀行が流動性を供給しても、銀行間の資金融通は厳しい。

第12ステップ：損失→資本の毀損→信用収縮の悪循環が資産の投げ売りを迫り、巨額の損失とさらなる信用収縮を招く。この結果、金融システムには一兆ドル以上の損失が発生し、景気後退は深刻化し、長引くだろう。

このヌリエル・ルービニ教授の「悪夢のシナリオ」は、巨大複合金融機関（ＬＣＦＩ）がアメリカ、否、世界中に仕掛けたネズミ講のシナリオなのである。ＬＣＦＩにより、間違いなくシナリオが書かれた。このシナリオで一番大事なことは、シナリオを作成し、実行に移した主役たちが被害者になりすますことであった。金融システムについて奇妙な一致がみられるのが、それを暗示している。ルービニ教授は「金融システムには一兆ドル以上の損失が発生し、景気後退は深刻化し、長引くだろう」と書いている。先に引用した『グリーンスパンの正体』の中にも「銀行の損失が総額で一兆ドルに近づく可能性もまんざらあり得ない話ではない」と書かれている。

ＩＭＦも一兆ドルに近い損失を予測している。どこに基準をおいて一兆ドルという数字が出てきたのか。ＬＣＦＩの損失額を中心に、中小の銀行を入れた総額をみているのである。日経新聞（二〇〇八年七月四日付）に、編集委員の滝田洋一が次のように書いている。

ポールソン長官は住宅市場の落ち込みを認め、「巨大な金融機関が破綻しても金融システム全体が揺るがない枠組み」に言及した。シティグループを筆頭に、米欧の巨大複合金融機関（ＬＣＦＩ）は証券化商品の損失拡大の泥沼に陥っている。

新聞にＬＣＦＩという言葉自体が登場するのが今までにほとんどないことである。この記事を読んで私は、「ＬＣＦＩは不良証券を抱えているので、これを最終的に処理するのに日数がかかり、その総額が一兆ドルになるであろう」と理解した。ネズミ講を処理するために、ＬＣＦＩはゆっくりと損失の処理に入らないといけない。不良証券というローリング・ストーンはゆるやかなスロープを下っているのである。

ルービニ教授は続けて書いている。

金融市場、信用市場での損失と信用収縮が世界に広がり、続いてグローバルな景気後退が起こり、資産価格の急落、パニック売り、投げ売りが、金融経済、実体経済にダメージを与え、金融システムにとって重要な複数の大きな金融機関が破綻する。

日経新聞の中で滝田洋一は、ポールソン財務長官の言葉、「巨大な金融機関が破綻しても……」を引用した。ルービニ教授もポールソン財務長官もＬＣＦＩを意識して言っている。私はどうも、ネズミ講隠しを二人は語っているとしか思えないのである。あのバブルで実質的に大金を手に入れたのはＬＣＦＩである。私は「二〇〇一年には、一〇兆ドル以下だったＬＣＦＩ十六社の総資産は二〇〇六年には二二兆ドルを超えて五年間で倍増した」と書いた。読者にあらためて言いたい。

ＬＣＦＩは複合の金融体である。言葉を換えれば投資により利益を上げる。彼らは、ハイリスク・ハイリターンの世界でたえず資産を増やしてきた。もう少し言葉を換えれば、ハイリスク・ハイリターンを〝演出〟しているのである。彼らは数多くのヘッジファンドに投資している。為替（かわせ）の世界でトレーディングをしている。常に巨大な利益を上げるために、八百長システムをつくっている。テロ組織、麻薬組織とも裏で結ばれ工作をしている。汚れた金（ダーティマネー）を洗浄（ロンダリング）する部門を持っている。暗殺会社＝マーダー・インクとも結びついている。彼らは危ない橋を渡っている。大企業や公共団体に金を貸して利益を得ている〝商業銀行〟という顔は、いちばん表の姿にすぎない。

兆ドル単位を数年間に稼いだ大企業がどうして危ないというのか。私はこれを巨大複合金融機関と組んだ〝芝居〟だというのである。

ＬＣＦＩは、簿外のシステムで生きている怪物である。「株価が下落した」「時価総資本が減った」「資本を増強しなければならない」……等々のニュースが連日駆けめぐっている。かくして彼ら巨大マスメディアはアメリカ、ヨーロッパをまき込んで巨大複合ネズミ講機関の存在隠しをしているのである。二〇〇七年から〇八年にかけて、世界中にローリング・ストーンを投げつけた彼らは巨大なドル資産を獲得し、周りに隠したのである。次項で、このブラックマネーに迫ってみよう。

私は確信している。ネズミ講から生まれた糞が糞ころがしとなり、ローリング・ストーンとなり、二十一世紀の地上にペスト菌をまき散らしているのだと。ペスト菌から逃げる方法は一つしかない。ペスト菌の正体を知り尽くすことだ。読者よ、国家やテレビや新聞をそのまま信じてはならない。彼らも巨大複合ネズミ講機関に操られているのだから。

●――グローバル経済は「秘密市場の暗黒経済」である

朝日新聞（二〇〇八年六月二十八日付）を見ることにしよう。

米景気、先行き不安強まる／株急落、原油高追い打ち

原油相場が史上初の一バレル＝一四〇ドルを突破し、米国株は一年九カ月ぶりの安値まで下げた。サブプライム関連の損失拡大など金融不安が再燃したところに原油高が追い打ちをかけ、米景気の先行き不安が改めて強まっている。

「悪材料が噴出して株は急落しているのに原油価格は上がり続ける。最悪の展開だ」
荒れる相場に、ウォール街のディラーは嘆いた。

ここまでは普通の記事である。原油の高騰、株安、サブプライム関連の金融不安、荒れるウォール街……。読者は先の記事の続きを丁寧に読んでほしい。ゴールドマン・サックスが登場する。ＬＣＦＩの〝報道センター〟である。

二六日の株価急落は、米証券大手のゴールドマン・サックスが大手企業の投資判断を強いトーンで「売り」に引き下げたのが引き金になった。米国株の代表的な指標であるダウ工業株平均の算出に組み込まれた三〇銘柄の一割にあたる三銘柄の投資判断がこの二日間で引き下げられ、ダウ平均は激しく下落した。

ゴールドマン・サックスが株式市場を動かしている様子が分かるであろう。何のためにゴールドマン・サックスはこのような真似をするのであろうか。続けて読んでみよう。

ゴールドマンが「売り」としたのは、金融大手シティグループと自動車大手ゼネラル・

モーターズ（ＧＭ）、航空機大手ボーイングの三社。二日でそれぞれ六〜一三％値を下げ、ＧＭに至っては五三年ぶりの水準まで下げる記録的な下落になった。

この記事は続くが以下は省略する。

ゴールドマン・サックスの動きを見ると、ＬＣＦＩが何を考えているのかが分かるのである。シティグループの株を下げることは、八百長隠しであり、ＧＭとボーイングの株を下げようと動くのは、アメリカ全体の株式を暴落せんとする目的のためである。ゴールドマン・サックスは株式市場を崩壊させようとしている。

ＧＭの株価が下がるのは、大きな意味を持っている。ＧＭは二〇〇八年六月三日、北米四工場の休業を発表した。原油の高騰がガソリン高となり、大型車が売れなくなった。そして従業員が工場を去っていく。後述するが、ＬＣＦＩの悪党どもは、原油高を演出している。ネズミ講が原油高を作り出している。

どうして、ゴールドマン・サックスがかくも世界を動かすほどの力を持ちえたのか。別の角度から、この地球を見てみよう。俗にいう〝グローバリズム〟という奴の正体を知る必要がある。グローバリズムとは何か。どうして、グローバリズムが生まれたのか。私たちはここでも、世に伝えられている報道に騙され続けている。

私たちはシティグループがグローバルな銀行であることを知っている。シティグループはタックス・ヘイブンで蓄えた金を闇ルートで無制限に遣い、当然支払うべき法人所得税を合法的に逃れていることを知っている。シティグループは二〇〇三年に、平均税率を三%削減して三一・一%とすることによって、七億七八〇五万ドルを節税した。それ以降も、シティグループの納税額は落ち続けている。

タックス・ヘイブンは、第二次世界大戦後、アメリカが一時的に海外に生産拠点を移したことに歴史を持っている。その当時、外国に設立した子会社に対し、アメリカ政府が税額控除を認めていた。このときに出来たネットワークがアメリカ経済の拡張の原動力となった。アメリカ企業の国際化がグローバル経済の始まりというわけである。アメリカ資本主義はタックス・ヘイブンの市場、秘密の市場を持つにいたった。グローバリズムはその歴史の最初から「秘密市場」、言葉を換えれば「暗黒経済」から誕生しているのに、その暗黒な面を語る経済学者は皆無に近い。

二〇〇一年十二月に破産したエンロンは、このタックス・ヘイブン＝ケイマン諸島を舞台に裏金を創り出し、株価を高騰させて、利益を水増ししていた。このエンロンの虚飾の秘密を陰で操ったのがゴールドマン・サックスであった。ゴールドマン・サックスはエンロンを利用するだけ利用し、そしてボロ布のように棄てた。ゴールドマン・サックスやシティグループが仕組んだ企業の倒産劇は他にも数多くある。投資銀行は相手の企業にまず、「現実をでっち上げろ」と迫る。利益が出るように帳簿が操作される。ゴールドマン・サックスやシティグループは、ムーディーズやS&Pなどの大手格付会社に、いつ倒産してもおかしくない会社にトリプルAをつけさせた。

ゴールドマン・サックスとシティグループは、彼らのオフショア（＝タックス・ヘイブン）ネットワークを使い、勝手に企業を動かした。公認会計士には多額の報酬が与えられた。誰が見ても「価値なし」と思われる企業の株式が、ゴールドマン・サックスやシティの〝推奨株〟となって株式市場に出た。彼らは特定の顧客に新規公開株を授与した。

これは何かにそっくりではないか、と読者は思わないであろうか。サブプライムはこのやり方を、国家戦略体制の基にしたのである。サブプライムの原型はゴールドマン・サックスとシティグループが作ったものである。

エンロンが倒産したとき、あの疫病神の使者、ネズミ講の発案者の一人、アラン・グリーンスパンはFRBの議長として上院銀行委員会に出席した（二〇〇二年七月十六日）。グリーンスパンは次のように語ったのだ。

人間が過去数十年と比較してより貪欲になったわけではない。それよりも欲望を表現する方法が非常に巨大になったのだ。

まさに、グリーンスパンの言う通りの世界が今、この世界に出現したのである。「欲望を表現する方法が非常に巨大になった」その結果が、サブプライムという国家戦略的なネズミ講の誕生というわけである。

私はジョセフ・スティグリッツとリンダ・ビルムズの『世界を不幸にするアメリカの戦争経済』を引用した。スティグリッツは二〇〇一年度のノーベル経済学賞を受賞している。朝日新聞（二〇〇八年五月十九日付）のインタビュー記事「グローバル化の正体」の中で次のように語っている。

――グローバル化の中で行われた戦争と金融危機のつながりをどう見ますか。

「明らかに関係がある。戦争は確実に危機を悪化させ、借金を膨らませ、問題処理を難しくした。石油高騰で支払った巨額のお金は、本来なら米国内で使われるべきだった。イラクで米軍関連の外国人契約者に支払われたお金は、米国経済を刺激しない」

「FRBはこうした否定的影響を埋め合わせるため、流動性をじゃぶじゃぶ供給し、短期的には成功をおさめた。だがそれは低所得者向け（サブプライム）住宅ローンによる借金で、米国が身の丈以上の生活をしてしまったということだ。そんなことが長続きするはずもなく、支払いの日が訪れるのは不可避だった」

スティグリッツはイラク戦争とサブプライムの関係を見事に描写しているではないか。イラク戦争の前から、グリーンスパンとブッシュ大統領、チェイニー副大統領は密接な関係を持っていた、と。イラク戦争で、ドルの流動性をじゃぶじゃぶとさせて金を遣い（三兆ドル）、サブプライムでじゃぶじゃぶ金を遣ってアメリカ国民をバブル状態にすることは、彼ら三人の国家策略であった。

続けて、スティグリッツの主張に耳を傾けられよ。アメリカの悲劇の一面が語られる。

——危機の打開策は。

「第一に経済を刺激すること。これは金融政策ではできない。住宅価格が下落しているときに人々にもっとお金を借りろと言っても無理な話だ。有効なのは財政政策による景気刺激だ。失業保険やインフラの強化、地球温暖化対策などだ。だが、戦争が深刻化させた財政赤字のせいで、これらは脇に追いやられてしまっている。第二に、家を失った数百万人の人々を救済することが必要だ」
――金融機関への資本注入も必要では。
「金融システムの崩壊を防ぐには、銀行への資本注入が必要だし、そうなるだろう。その際に経営者の責任を問わないとモラルハザート（倫理の喪失）を引き起こす」

スティグリッツが語っている「家を失った数百万人の人々を救済することが必要だ」に注目したい。

サブプライムで家を失った人々に、アメリカ政府もＦＲＢも救助の手を差しのべようとせず、ひたすら銀行の救済に乗り出している。アメリカの中小の銀行は住宅供給会社から住宅担保債券を買ってＬＣＦＩの連中に売る一方で、ガラクタ証券を買わされて大損失を出している。その損失の穴埋めにＦＲＢから借金をし続けている。

ウォール街を救うというアメリカの政策は、テント暮らしを余儀なくされている数百万の家なき人々を完全に切り捨てた。アメリカは、アメリカ自らが創造したグローバリズムにより破滅しつつある。ケイマン諸島やスイス、リヒテンシュタインとかいう、タックス・ヘイブンなどから闇ルートで流れ込む巨大マネーがアメリカを動かしている。ゴールドマン・サックスやシティグループはアメリカの投資銀行や商業銀行とされているが、実は無国籍の企業である。

完全なタックス・ヘイブンではないものの、アメリカのデラウェア州はタックス・ヘイブンに近い。匿名による企業経営の自由、財務勘定の公への開示は不要、株主の秘密性、売上税も相続税もない……。アメリカの大企業のほとんどはこのデラウェア州に本社を置いている。ゴールドマン・サックス、シティグループもそうである。だから、彼らは損失が出たと大騒ぎし、損失金を財務に繰り入れるが、どれだけ儲けたのかの財務勘定を公開しなくてすんでいる。

二〇〇八年八月二日付の日経新聞に、米金融機関がどれくらいの簿外資産を持っているかの記事が出ている。

　米金融機関が簿外に抱える資産は巨額で、会計基準が改正されれば業界全体で資産が五兆ドル（約五百四十兆円）と日本の国内総生産（ＧＤＰ）並みの規模で増えるとの試算もある。

私は五兆ドルをはるかに超えていると思っている。金融機関が破綻しかけようと、否、アメリカが破滅しかけようと、この金は隠され続ける。この金を支配する者たちの〝所有物〟なのだから。

日本の新聞の馬鹿さ加減を連日見せられて、私はいささかうんざりしている。あんな紙切れには一文の価値もない。「大損しているのではない。大儲けを隠しているのだ」と、私は幾度も書いてきた。

アメリカの大企業の経営者たちは、従業員の数百倍、数千倍の収入を得て暮らしている。スティグリッツも調子の好いことを朝日新聞の記者に語っている。「その際にモラルハザートを引き起こす」だと。笑わせるな、と言いたい。

あの連中にモラルがあろうなんて、私はただの一度も思ったことはない。奴らは、大前研一がベタ褒めのジャック・ウェルチ（GEの元CEO）を含めて、モラルを喪失した人間たちなのだ。アメリカ大中企業の五〇万社超がデラウェア州に登記されている。この五〇万社超の企業がケイマン諸島その他に秘密会社を設立している。そして、闇ルートでマネーを流し、また闇ルートで利益を入金している。ヨーロッパもすべて、同じだ。

だからこそ、ネズミ講はアメリカのみならず、同時にヨーロッパでも開講されたのである。二十世紀末までは、フォード、GM、GEなどの製造業の時代だった。これらの大企業はタックス・ヘイブンでの勝者でもあった。しかし、現在はどうか。当時、貧相な投資会社でしかなかったゴールドマン・サックスや商業銀行のシティグループは、ここ一〇年の間に超大企業となったのである。フォードもGMもGEも大赤字を抱えている。工場を次から次へと閉鎖し、従業員の首を大量に切っている。

私はここで明確にしようと思う。ネズミ講が隆盛をきわめた二〇〇四年から〇六年の三年間で、アメリカはすっかり変貌（へんぼう）したのである。かつてのアメリカ製造業のビッグ・スリーは、八百長資本主義に敗れ去ったのである。八百長資本主義の根本にあるのはグローバリズムである。この思想を流行（はや）らせるために、ネズミ講の創造主たちは、ノーベル経済学賞（創設者ノーベルの遺志ではない。正しくは「アルフレッド・ノーベルを記念した経済科学におけるスウェーデン銀行賞」）をでっち上げたのである。調子の好いことを喋るスティグリッツもグローバリズムの何たるかを隠し続けている。

もう一度、朝日新聞のインタビュー記事を続ける。

――グローバル化は、戦争による経済悪化という「政府の失敗」と、金融危機という「市場の失敗」を助長しました。背景には、新自由主義や新保守主義のイデオロギーも関係しているのでは。

「その通りだ。それらのイデオロギーのせいで、政府の有効性に対する認識や、市場に必要な規制が掘り崩され、政府も市場もきちんと機能しなくなってしまった。米国と世界にとって、この種のイデオロギーが高くつくという実例が示されたわけだ」

グリーンスパンがフィリップ・ロスチャイルドの愛人アイン・ランドの若い恋人となり、寝物語に吹き込まれたのがリバタリアニズム（新自由主義）である。ランドの書いた『水源』がアメリカの若者に数百万冊も読み継がれている。モラルなき主人公、ハワード・ロークの〝権力への意志〟を主題とした物語である。グリーンスパンがエンロン倒産を前にして、「欲望を表現する方法が非常に巨大になったのだ」と語ったのは、「権力への意志は無条件で正義である」と語っているのに等しいのである。新自由主義であれ新保守主義であれ、汚れてしまった思想である。それこそがグローバリズムである。

アメリカ中にどうしてネズミ講が拡大したのか

サブプライムに私が注目してから一年数カ月が経った。二〇〇八年一月の末であろうか、私はいつも読んでいる「週刊文春」を手にしていた（二〇〇八年二月七日号）。その中に神谷秀樹（みたにひでき）の「米国バブル崩壊／サブプライム本当の恐怖（ウォール街現地報告）」という記事を見つけ、「やっぱりそうか」と驚きつつ読んだ。神谷秀樹はかつてゴールドマン・サックスに勤めた経験を持つ。彼の悲憤の報告書の一部を引用する。

ウォール街の人々は金融技術を使って、目先のバブルを作り出すことばかりをしてきた。目先の収益ばかりを追い求め、〝今日の得は僕のもの、明日の損は君のもの〟という風潮の広がりはもはや止まるところを知りません。サブプライム問題で引責辞任したシティグループのプリンス前会長兼CEOとメリルリンチのオニール前会長兼CEOの二人が受け取った退職金が合計二億ドルだったことが、報道されました。あとでバブルがはじけて、経済にどれだけのダメージを与えるかなど知ったことでなく、彼らの頭の中は自分だけがガッポリ儲けることしかないのです。ウォール街の心の荒廃は限界まで来ています。

私はこれを〝強欲資本主義〟と呼んでいます。日本を含め、今では世界中にこの〝強欲資本主義〟が蔓延しています。

9・11以降、少しの間はこの〝強欲〟も影を潜めていたのですが、この二、三年は世界的な過剰流動性に後押しされて、暴走している感がある。

サブプライム問題も、もとはと言えば〝強欲資本主義〟が貧乏人からカネを巻き上げるために編み出したものなのです。

簡単に言えば、米国の住宅ブームの中で「頭金不要」「当初の支払額は少額」などという甘言(かんげん)を弄(ろう)し、給与証明も見ずに返済能力の低い個人に対して、目一杯の借金をさせ、ローンを無理に組ませた。

この神谷秀樹が〝強欲資本主義〟と呼ぶものを、私は〝八百長資本主義〟というのである。私はシティグループのプリンスやメリルリンチのオニールが、二人合わせて二億ドルの退職金を受け取ったことには驚かない。本当はその数倍か数十倍の退職金を、タックス・ヘイブンにプールされた闇の金融システムの中から受け取っていると確信している。それは巨大ネズミ講を作成し、彼らの会社に兆ドル単位の資産を増やした功労者であるからだ。

神谷秀樹は不条理な貸付についても書いている。少しだけ引用する。

六十五歳の女性に三万六千ドルを貸し付け、返済期間十五年というローンを組ませた例がありました。融資担当者は「毎月三百ドル強を支払えばいい」と説明していたので、この女性は十五年後の八十歳には完済になると思っていたのですが、このローンは八十歳になっても元本分の返済が済まないという代物でした。また、年収二万ドルの家政婦さんに八十万ドルの家を買わせた例もあります。

他にも、移民者たちがわけもわからずローンを組んで家を買ったというケースも数多くあります。

右も左もわからない米国で、ブラジルからの移民者が自分たちの通う教会の牧師から住宅購入を薦められ、返済不可能なローンを組んでしまったという例もありました。牧師は融資の斡旋（あっせん）で手数料を稼いでいた。このような人たちをモーゲージ・ブローカーといいます。彼らも巨大な家を買って、破産への道を歩んでいます。

私はたくさんのサブプライム関係の本を読み、この本を書いているときに手元に置いている。ほとんどの本は（全く例外なしとは言わないが）、サブプライムで家を失った人々を描くが、悪徳モーゲージ・ブローカーの悪党ぶりを描く段階で終わっている。数百万人の貧者が騙されて家を失う真相に迫った本は翻訳本も含めて一冊もない。しかし、神谷秀樹の報告書はその真相に迫ろうとしている。だから読み続けてみよう。

こういうローンは景気が後退すれば、すぐに焦げ付くのは当然です。なぜ信用力の低い個人にこんな無茶な貸し付けをしたのか。

例えば、支払い能力のない子供にお金を貸したら、焦げ付くのは誰でもわかる。そのローンを十本合わせて、先に返すものと後で返すものとで半分に切って、上半分をトリプルA、下半分をシングルBと格付けしたって、焦げ付くときは一緒なのも誰でもわかる道理です。

ところがカネ余りの金融機関は運用先がなくて困っていたから、誰が借りているのかよく調べず、格付機関の言うがままにサブプライムローンに投資した。審査能力のない投資家が「みんなが投資しているから」と、サブプライムに投資したのです。

私は格付機関がLCFIに巣食う連中から強請されて、俗に言えば、ゆすり、たかられて、サブプライムがちりばめられたガラクタ証券にトリプルAを与えたと書いた。LCFIの連中はどうしてサブプライムの入った証券をわざわざ作ったのかと読者は疑問を心の中に抱かなかったであろうか。ここまでくれば、私の伝えたいことの半分は「サクセス、サクセス」である。山口百恵がサクセスの人生街道を途中で放棄して、どうして三浦友和の持ち物（言い方はマズイ。しかし、これでいい）に成り下がったのかを連想されよ。

すべては全盛期を終えると下降していく。山口百恵は昇りつめた人生のピークで芸能活動にピリオドを打ち、美しい憧憬（しょうけい）のアイドルとなった。サブプライムというガセネタを大量にちりばめた金券はキラキラと輝いていた。だからこそ、銀行も一般投資家もこの金券に手を出した。サブプライムを仕掛けた連中は最初から、山口百恵現象の逆を知っていた。山口百恵がマイクを舞台の上に置き「サヨナラ」の演技を終えたとき、多くの日本人は美しい女の永遠を、永遠の今を心に残した。どうしてあの日あの時の山口百恵を忘れえようか！

サブプライムのバブルを最初から演出した一人のグリーンスパンが、二〇〇七年二月、衛星放送を通じて香港の人々に、やがて来る世界不況について語りかけたときに、サブプライムによるバブルははじけた。その翌日から世界不況がやってきた。

読者よ理解されよ。ネズミ講を作った連中は、最初から、世界不況を実現するために、見事な芝居を打ったのだ、と。偶然なんてこの世にないのだ、と。強欲資本主義が行きつく先は、この世の生き地獄だと。それがグローバリズムそのものであると。神谷秀樹の報告書を続けて読んでみよう。

サブプライム問題は氷山の一角にすぎません。というのも、同様のローンは他にもたくさんあるからです。クレジット・ローン、LBO（相手先資産を担保にした借り入れによる買収）ローンなどの焦げ付きも増え始めています。これらのローンは様々な証券化商品を組み込んで組成し直した債務担保証券（CDO）となって、世界中に売買されています。

近年の金融技術の発達で、売掛金や長期販売契約など、将来手に入るキャシュフローを証券化することができます。非常に複雑な融資体系のため、最終的に誰のバランスシートに載っているのかわからない。ですから焦げ付いた時もどのように処理していいか分からない。これが現代の米国の融資の現状です。

ネズミ講は破綻した。より正確に表現するならば、ネズミ講は巧妙に、バレないように破綻し終えた。しかし、ネズミ講をつくり、破綻した後に、世界から非難の声が上がらないように、彼らは次から次へと手を打ってきた。その一つが、米国財務会計基準審議会（FASA）が二〇〇六年十一月に発表し、二〇〇七年十一月十五日以降に始まる会計年度から導入された新しい会計基準「ルール157」である。

私はこの「ルール157」を知ったとき、「やっぱりそうか、バブルを演出した連中は、二〇〇七年の初頭にはバブルを崩壊させるために、二〇〇六年から準備に入っていたのか」と思ったのである。どうしてか？　二〇〇六年十一月に発表した会計基準「ルール157」が、ネズミ講を隠すために用意されたものであったからだ。次のようなものだ。

適正価格の算定方法

「レベル1」上場企業が保有する金融資産、株式や債券など市場での取引が活発で価格が簡単にわかる資産

「レベル2」取引が活発でないものの価格が算定しやすい資産

「レベル3」取引が少なく価格も算定しにくい資産

米国財務会計基準審議会はサブプライムによるバブルが最盛期を迎えていた二〇〇六年にバブル崩壊を見越して、適正価格を厳格に評価して実質価値を開示するよう義務付けたのである。それを二〇〇七年十一月十五日以降とした。まさに、バブル崩壊の真っただ中である。ＬＣＦＩの連中は先がけて巧妙な会計基準をつくらせた。この基準の導入を前にして、彼らＬＣＦＩの連中は二〇％程度の評価損を出すことに同意した。

このとき、彼らが発表した損失は二〇〇〇億ドルのうちの五〇〇〇億ドル。金融機関の損失が一兆ドルであろうという説が流布されだしたのには根拠があったのだ。だから二〇〇八年だけでなく、二〇〇九年にも損失は続けて出てくることになる。

「適正価格の算定方法」の「レベル３」こそがジャンク債である。バブルの最盛期に彼らは、自分たちが作った証券がイカサマであることを知り尽くしていた。一度に損失を表に出してしまっては八百長がバレるかもしれない。それで、これでもかこれでもかと、三カ月おきに出している。彼ら大手がこうした状況で貸出を控えているから、一般の企業に金が廻らなくなり、クレジットクランチ（信用収縮）を招いている。これも八百長隠しのカモフラージュである。

八百長がアメリカを狂わせていった。銀行預金と並ぶ安全な金融商品といわれているＭＭＦ（マネー・マーケット・ファンド）にまで影響が出てきた。「エコノミスト」（二〇〇七年十二月四日号）を引用する。

SIVが発行したコマーシャルペーパーに投資しているMMFを傘下に持つ資産運用会社は、MMFが損失を受ける場合に備えて支援する許可を金融当局に求めるなど、てこ入れに乗り出した。バンク・オブ・アメリカやクレディ・スイスはMMFの元本割れを防ぐためにすでに数億ドルの資金をMMFに注入した。サブプライムショック以降の米国の投資家の安全志向から米国のMMFの資産残高は過去最高となる三兆ドルにも達しているが、SIVを経由してここまで影響が出始めたのだ。

私はSIVを幽霊会社と書いてきた。本によっては特別目的会社とか、投資ビークルとか訳している。ガラクタを使って資金集めをしたことに間違いない。ゴールドマン・サックスはSIVの被害を最小限にしたが、他のLCFIの連中は二〇〇七年のバブルが崩壊するまで資金集めをした。だから、ネズミ講は拡大の一途をたどったのである。ヘッジファンドの連中がSIVに喰らいつき、ガラクタを売りに売った。二〇〇八年には、SIVの残り滓（のこりかす）が半分となり、二〇〇九年まで続くことになる。

八百長を見破る銀行家も証券マンもどうやら日本にはいないらしい。だから、ヘッジファンドの連中は、ＳＩＶの残り滓を日本の銀行や証券会社に今日でも売りに来ているのだ。

［第三章］

仕掛けるヨーロッパ、衰亡するアメリカ

●——9・11事件とロンドン・シティ繁栄の相関関係

サブプライム惨事発生の根本にあるものは何か。それはドルの過剰流動性である。イラク戦争とサブプライムは一体となっていると私は書いてきた。9・11を「9・11テロ」と書かず、あえて「9・11事件」とした。テロでの利益がアルカイダとその一派にあったであろうか。私は9・11はその後における、ロンドン市場の繁栄をもたらしたと書いた。通貨の過剰流動性が生まれたからである。平時における通貨の過剰流動性が生まれなければならない理由があった。アメリカの財政と経常（貿易）赤字のためである。アメリカはドルを垂れ流す以外にイラク戦争を遂行することができなかったのである。

グリーンスパンはブッシュ大統領とチェイニー副大統領の要請に応じた。「グリーンスパン・プット」とよばれるドルの大量印刷、その垂れ流しが平時から行われた。これで市場のリスク感も失われた。この点から考察するならば、サブプライム取引（ビジネス）、そしてバブルの発生が必然の結果であった。アメリカのドルの流れからサブプライムを見てみよう。

二〇〇八年二月四日にブッシュ大統領は任期で最後となる予算教書を発表した。歳出総額は三兆一〇七三億ドル。歳入二兆六九九九億ドル。財政収支▲四〇七四億ドル（赤字分）。

財政収支の赤字分はイラク戦争の出費増とみて間違いない。クリントン前政権から八年前に引き継いだときは多額の黒字財政であった。ブッシュ大統領とチェイニー副大統領とグリーンスパンがいかに大量のドルを印刷してきたかが、この予算教書を見れば一目瞭然となる。ドルを大量印刷しただけでは事は進まない。このドルを国債にして市場に出して買ってもらわなければいけない。ドルを大量に手に入れるためにはニューヨーク市場では期待できない。より大きな国際市場が必要となる。それと同時にその国際為替市場はタックス・ヘイブンとしての役割を持たなければならない。その市場はケイマン諸島などの闇のルートとも深く結びついていなければならない。

イラク戦争がまず計画され、テロ偽装がなされ、国際為替市場の準備が同時に進行し、ドル安と円安が同時進行ですすめられ、ドルと円の大量印刷が軌道にのるようになり、9・11は見事に演じられ、テロの汚名をアルカイダにかぶせたのである。ニューヨーク市場が一時的に機能麻痺となり、同時にロンドンが瞬時にして国際為替市場のトップに躍り出たのである。ブッシュが政権を握ったときから、この間のストーリーはすべて完成していたのである。サブプライムによるバブル創造は9・11事件（テロではない）とセットである。ドルの垂れ流しが始まるのと同時進行である。

ブッシュ大統領が就任する直前の二〇〇〇年会計年度（一九九九年十月－二〇〇〇年九月）

は二三六二億ドル（当時で約二五兆二〇〇〇億円）という財政黒字。しかし、二〇〇二年度から赤字に転落。二〇〇四年度には四一二七億ドルの史上最大の赤字に転落した。イラク戦争とサブプライムローン助長への超出費である。ブッシュは任期最後となる二〇〇九年度の予算教書の中で、財政悪化に対応し歳出抑制の強化を発表した。イラク戦争を主とする国防とテロ対策のための国土安全保障費は増額するが、社会保障額は二〇八〇億ドルを大幅に圧縮するとした。サブプライムで家を失った弱者は、救済されるどころか斬り捨て御免となったのである。

グリーンスパンはじゃぶじゃぶとドルを垂れ流し、ブッシュのイラク戦争を助け続けた。彼の後継者のバーナンキ議長も同様のやり方でブッシュを助けている。

朝日新聞（二〇〇八年三月二十七日付）を見ることにする。またしてもゴールドマン・サックスによる予測記事が出ている

世界の金融損失一二〇〇兆円／うち四割は米国

米証券大手ゴールドマン・サックスのエコノミストは、サブプライム住宅ローン問題による金融市場の混乱で、世界の金融機関などが被る損失の総額は一兆二〇〇〇億ドル（約一二〇兆円）にのぼる可能性がある、との見通しを明らかにした。

銀行や証券会社、ヘッジファンド、政府系金融機関の損失総額を試算した。このうち約

四〇%にあたる約四六〇〇億ドル（約四六兆円）は米国分という。

サブプライム危機が深刻化した昨夏以降、世界の金融機関などがこれまでに計上した損失の総額は約一七五〇億ドル（約一七兆五〇〇〇億円）に達し、このうち米国分は一二〇〇億ドル（約一二兆円）にのぼるとみられる。

今回の試算はこれを大幅に上回るもので、金融機関が計上する損失は今後さらに拡大しそうだ。

私は「ゴールドマン・サックスの予測は常に正しい」と書いた。しかし、この予測には、今まで書かれていなかった、報道されなかった点が一点ある。アメリカの損失が全体の四割だということである。そうすると、後の六割の損失はどこの国なのか、という問題が残る。私は残りの四割がヨーロッパ、残りの二割が日本その他であろうと思う。

アメリカで発生したとされるサブプライム関連の損失が、どうしてヨーロッパでも同様に拡がったのであろうか。私は最初から書いてきた。シドニィ・シェルダンが図らずも明かしたような「神々の会合」が、ロンドンかスイスのどこかの都市で開かれたのではないかという推理である。サブプライムで、これを仕掛けた連中がヨーロッパにいたからこそ、アメリカで発生したものがヨーロッパを同時進行で襲ったと考えられるのである。

「エコノミスト」（二〇〇七年十二月二十五日号）に、「覆面座談会／ヘッジファンドが予測する日本株／08年の投資環境」が出ている。C氏（外資系証券出身、投資アドバイザー）が次のように語っている。

〔〇八年の注目すべき動きは〕やはりサブプライム問題の動向だ。特に注目するのは英銀最大手HSBC。〇六年十二月期決算でいち早くサブプライムローンの貸し倒れ引当金を積み増し、〇七年九月には早々にサブプライムローンの融資子会社を閉鎖した。十一月には米国の住宅ローン担保証券（RMBS）事業から撤退。資金調達に窮した傘下のSIVについては資金繰りの面倒をみるとし、連結資産とすると発表した。これが結果的にサブプライム損失の不透明感を払拭、市場から評価された。

他の金融機関も引きずられるかたちで、SIVの連結を迫られる可能性がある。その際、巨額損失が明らかとなり、SIVに出資しているヘッジファンドにもいよいよ問題が飛び火するだろう。

このC氏の発言に注目したい。二〇〇六年十二月には、世界の一部の人々はサブプライム問題を知ってはいたであろうが、普通の人々は知らなかった。HSBCが、巨大複合金融機関

（LCFI）の連中に先がけてサブプライムローンの貸し倒れ引当金の積み増しをしたということは、サブプライム・バブルの終焉を宣言したことになる。この引当金の積み増しを終了し、グリーンスパンのあの二〇〇七年二月二十六日の「米国経済が今年末までに景気後退局面へ入る可能性がある」との発言となる。そして翌日、中国政府による株式市場での違法行為取締措置の発表を受けて中国株の急落となり、つれて米国株も大幅に下落する。HSBCとは「香港上海銀行（The Hongkong and Shanghai Banking Corporation）」である。かつて麻薬取引に深く関係していたバークレイズ銀行、サッスーン商会、ジャーディン・マセソン商会が複雑にからみあって香港上海銀行の設立にかかわっている。HSBCは麻薬の密貿易を通じて中国の中央銀行である中国人民銀行の母体銀行の一つとなる。

9・11事件で誰がいちばん儲けたのかと私は繰り返し書いてきた。HSBCと連なるロンドン・シティがいちばん儲けたのである。その理由を簡単に記すことにする。

9・11事件まではマネーフローは単純であった。アメリカの株式市場、債券市場に日本、中国、EUからの投資マネーが流れていた。だが9・11事件によって、その様相が一変したのである。中東産油国の巨大マネーがロンドン・シティに流れ、それがアメリカのみならず、ブラジル、ロシア、インド、中国のBRICs諸国に流れていくようになった。たとえば、二〇〇六年のアメリカの経常収支は八一一四億ドルの赤字である。この赤字を補うためにロンドン・

シティから約三〇〇〇億ドル（直接投資、株式、債券を含めて）の金が流れている。このマネーフローが止まれば、アメリカは瞬時にして国家破産する。このマネーフローの中心にＨＳＢＣ、バークレイズ、ＲＢＳのイギリス巨大複合金融機関（ＬＣＦＩ）がいる。

サブプライム・ストームが二〇〇七年に急に吹き荒れた。二〇〇六年にロンドンからアメリカに流れていた資金流入が、二〇〇七年第２四半期に半分程度に減少した。そして第３四半期にはなんと一〇分の一程度にまで激減した。ロンドン・シティが、サブプライム・ストームをアメリカのウォール街に投げつけたのである。アメリカはドル不足となり、アジア諸国に投資していたドルを引き揚げなければならなかった。アメリカという国家の生殺与奪の権をロンドン・シティが握っている証拠がここにある。ドル安とユーロ高が進んだ。原油価格の高騰が進むと、ロンドン・シティはドルをアメリカに流しだした。

単純に考えてみよう。どうしてイギリスのＬＣＦＩが、アメリカのサブプライムに関する幽霊会社ＳＩＶまでを作って深く食い込んでいたのか、と。

私はシドニィ・シェルダンの『神の吹かす風』は、ロンドン・シティの情報をもとに書かれたと思っている。あの「００７」シリーズもロンドン・シティからの情報をもとに書かれていると思っている。サブプライム・ストーリーは、ＨＳＢＣを中心に、バークレイズ、ＲＢＳ、そしてスイスの銀行ＵＢＳとクレディ・スイスを中心に作成され、進行係がゴールドマン・サックスなのだ。

HSBCは日本人が考えるような常識が通用する銀行ではない。その前身は英国チャーター ド銀行である。中国との麻薬貿易で財を成したチャータード銀行は、南アフリカの黒人奴隷の銀行、スタンダード銀行と合併する。スタンダード・チャータード銀行の誕生である。この銀行はやがて香港上海銀行となる。過去の歴史が示すように、英国王の支配が世界に及ぶことを目標としている。中国を陰から支配する銀行でもある。イギリス情報部、イスラエルのモサドとも深く結ばれている。ここまで書けば読者も納得するであろう。9・11事件の真犯人は誰かとは書かない。ただ、9・11事件で世界のマネーフローは大きく変わり、イギリスのロンドン・シティが繁栄することになった、とのみ記すことにする。

それでは次項でヨーロッパを席巻したサブプライムの嵐を見ることにしよう。

●——アメリカを標的にしたヨーロッパのサブプライムの嵐

もう一度、HSBCを登場させよう。この巨大複合金融機関は総資産が約二兆三〇〇〇億ドル(二〇〇八年五月末現在)であることを知った上で、以下の文章を読んでほしい。

二〇〇六年末でサブプライムから手を引くことを決定したHSBCは、サブプライムローンで全米第二位のニューセンチュリー・フィナンシャルへの資金提供を中止することにした。HSBCの完全子会社であったこのニューセンチュリーは、二〇〇七年四月二日に破産申請をした。ニューセンチュリーはアメリカでもトップをいくほどのサブプライム・ビジネスの大手であった。HSBCはまた、サブプライムの大手であったハウスホールド・インターナショナルのオーナーでもあったがこれも手放した。

これに先がけ、HSBCは「サブプライムから手を引く」と二〇〇六年十二月に一方的に発表した。HSBCの株価は暴落した。このHSBCの株価急落が二〇〇七年に入ると、バブルの崩壊となる。HSBCは間違いなくサブプライムで数千億ドルの利益を上げてのサブプライムからの撤退であったと思われる。HSBCの二〇〇七年十二月期での損失額は一兆七九〇〇億円、〇八年一－三月期は六〇〇〇億円である。HSBCは二〇〇七年中にほとんどの損失処理を済ませたのである。その主なものはSIVの債務を自己の銀行の損失金に入れたから、損失金が増えたのである。大量のガラクタ証券を売った利益のほとんどはSIVを通じてケイマン諸島のようなタックス・ヘイブンの闇の中に入れられた。銀行の株価が暴落しようと、たいしたことはないのである。

アメリカを舞台に、数多くの子会社を設立し、あるいは買収して、幽霊会社SIVをつくり、数多くのヘッジファンドに資金を提供し、ほとんど価値のない証券にトリプルAをつけさせて、莫大な利益を上げたのに、どうして世界の報道機関はこの点に触れないのか。私は、この点から見ても、巨大ネズミ講システムは見事としか言いようがないと幾度も書いてきた。

イギリスで約一四〇年ぶりに預金の取り付け騒ぎが起こった。二〇〇七年九月十四日、ノーザン・ロック銀行の各支店に解約を求める顧客が殺到した。ノーザン・ロックは最終的にはイギリスの国営という形になった。イギリス国内の住宅ローン銀行では五位であり、中堅銀行であった。アメリカのサブプライムローン問題がイギリスを直撃し、倒産の噂がノーザン・ロックを襲った。当初、イギリスの中央銀行であるイングランド銀行（ＢＯＥ）は「資金供給ルートの緩和が失敗した銀行を助ければ、モラルハザードを助長する」として通常の対応をとろうとした。しかし、この策はかえってノーザン・ロックの信用を落とした。アメリカのサブプライムの嵐にイギリスが振り回された一例となった。

イギリスの最大手銀行の一つ、バークレイズについて書くことにしよう。総資産はＨＳＢＣよりやや上位の約二兆四〇〇〇億ドルである（二〇〇八年五月末現在）。ほぼＨＳＢＣと同規模である。だが、この総資産は公表されたものだけである。バークレイズもＨＳＢＣと同様に闇資金を持っている。その金額は公表されていないが仕方がない。公表分に迫る額の闇資金を持っているかもしれない。ＨＳＢＣと同様にサブプライムの嵐をアメリカに吹き荒らしたが、この点は省略したい。日経新聞（二〇〇八年六月二十六日付）から引用する。

英銀大手バークレイズは二十五日、三井住友銀行、カタール投資庁などからの出資を受け総額で約四十五億ポンド（約九千五百億円）の資本増強を実施すると発表した。三井住友銀も第三者割り当てで五億ポンド（約千六十億円）の出資を正式発表し、バークレイズ株式の約二・一％を保有する。両行は主要国の銀行が収益源と期待する新興国ビジネスや資産運用ビジネスなどでも提携する。バークレイズは米国の信用力の低い個人向け住宅融資（サブプライムローン）問題をきっかけとする信用収縮で有価証券の評価損が拡大し、自己資本の拡充が必要になっていた。

三井住友銀は一株二・九六ポンドで第三者割り当てを受ける。バークレイズのダイヤモンド社長は記者会見で「三井住友銀とは一年前に日本での富裕層向けサービス（プライベート・バンキング）などで提携し、成果をあげたことが、今回の出資・提携に結びついた」と説明。三井住友銀はバークレイズの基盤であるインド、南アフリカなど新興国ビジネスで提携を深め、協調融資や富裕層取引などで開拓の余地を探る。

三井住友銀以外には、最大で十七億六千四百万ポンドをカタール投資庁が、同五億三千三百万ポンドをカタールの首相一族が保有する企業のチャレンジャーがそれぞれ出資。すでに昨夏にバークレイズに出資したシンガポールの政府系投資会社テマセリ・ホールディングスや中国の政府系金融機関、中国国家開発銀行も追加で増資に応じる。

バークレイズの二〇〇六年度の総資産は一兆九六〇〇億ドル。銀行ランキング世界第二位である。それが二〇〇八年度には二兆四〇〇〇億ドルになったのだ（世界第四位、二三九ページの表参照）。しかし、銀行としての株式時価総額はごく少ない。次ページ（一一八ページ）のグラフを見てほしい。

多くの人々は銀行が垂れ流すガセ情報に騙されている。ＬＣＦＩの連中は、総資産から損失を計算せずに、ごくごく少ない時価総額を基準にして大損失を出したと大騒ぎして、自分たちが始めたネズミ講を隠そうとしているのである。

私はこの記事を読んで直感したことがある。バークレイズはロスチャイルド財閥の企業群の中でも主要な一部門である。サー・アンソニー・チュークがこの銀行の会長職を長く勤めた。彼はロスチャイルドの支配するリオ・チントの取締役であり、日米欧三極委員会（ＴＣ）のメンバーでもあった。バークレイズは三井住友銀行を通して、三井物産と住友商事と結びつこうとしているのではないだろうか。バークレイズとＨＳＢＣはともに英王室、英貴族たち、そして何よりもユダヤ閥と深く結びついている。

もう一つ、イギリスにＬＣＦＩがある。ＲＢＳである。「ロイヤルバンク・オブ・スコット

日米欧の主な銀行の株式時価総額

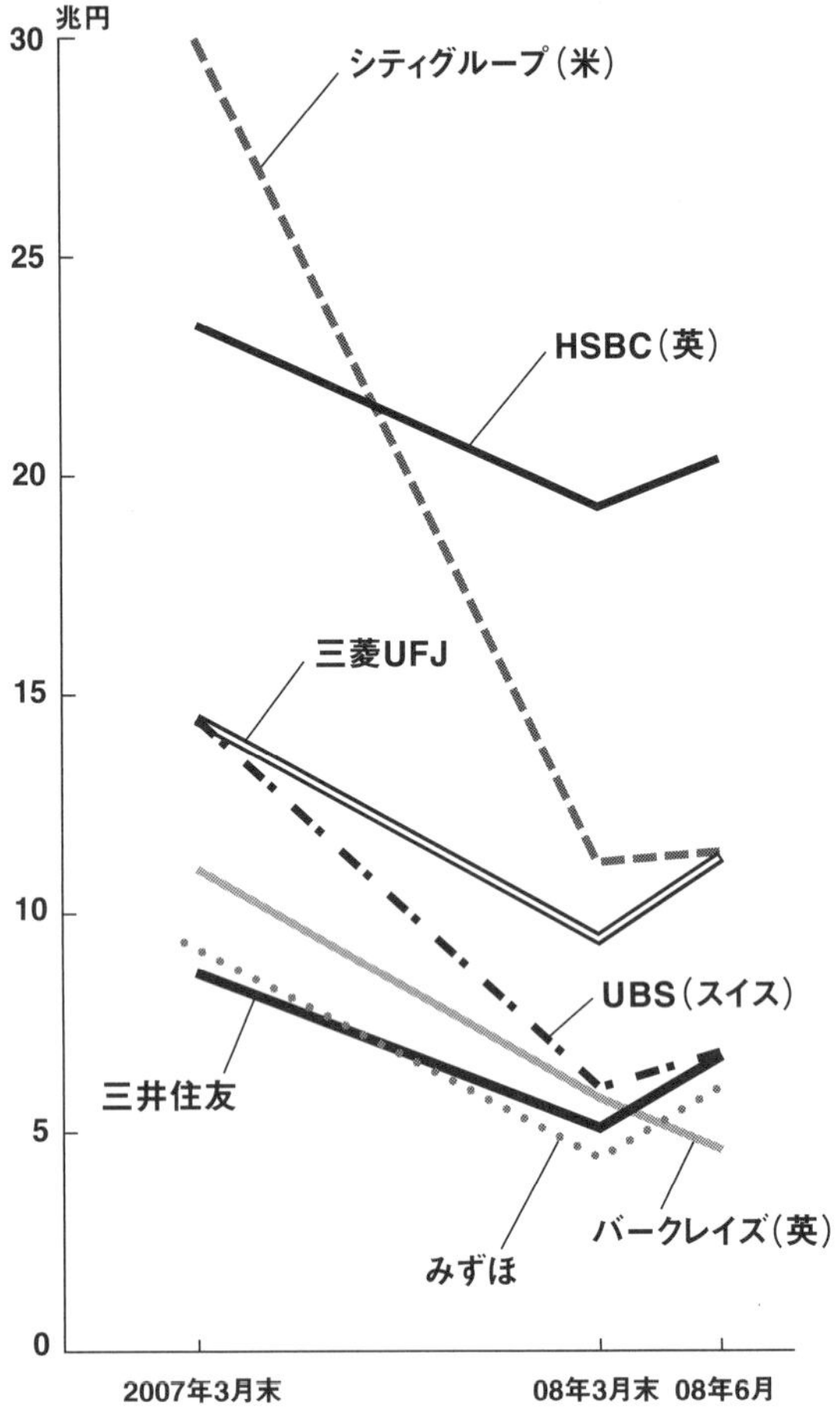

（注：トムソン・ロイター調べ。日本経済新聞 08年6月26日付を参考に作成）

ランド」の略である。この名が示すごとくイングランド銀行と最も深く結ばれた銀行である。一九九一年、倒産の危機に立たされた当時のシティバンクを救ったのがこの銀行である。スコットランド銀行とバークレイズはともに理事を共有する。ＲＢＳの総資産は世界一位で三兆七〇〇〇億ドルである。ＨＳＢＣ、バークレイズとともに巨大資産を持っている。ＬＣＦＩの中でも第一位の総資産。何よりもイングランド銀行と同格に扱われるほどの歴史を持っている。この銀行はＨＳＢＣやバークレイズよりも格式が高いのである。オランダのＡＢＮアムロ（〇六年度総資産一兆三〇〇〇億ドル。ＬＣＦＩの銀行）をめぐってバークレイズとＲＢＳ連合が買収合戦を繰り広げた。バークレイズは買収を断念した。ＲＢＳがＡＢＮアムロを買収し、世界一の資産を持つ巨大複合金融機関が二〇〇八年度中に完成した。総資産四兆ドルに迫る銀行が登場したのである。

ＨＳＢＣ、バークレイズ、ＲＢＳの三大銀行がロンドン・シティから世界経済を支配している構図を私たちは知らねばならない。どうしてＡＢＮアムロが買収されたのか。バークレイズは英ＴＣＩファンドを使って世論操作をした。事業リストラや解体を迫るニュースがヨーロッパ中を駆けめぐった。その間、ＲＢＳはスペインのサンタンデール、オランダのフォルティスとＲＢＳ連合を組織し、ＡＢＮアムロの買収劇を演じた。これがイギリスに昔から伝わる買収の方法なのである。アメリカ式のＭ＆Ａなどは買収方法としては序の口である。私は、シドニィ・シェルダンの『神の吹かす風』について度々書いてきた。間違いなく、ロンドン・シティから神の吹かせる風が世界中に流れているのだ。

ＨＳＢＣは「香港上海銀行」の名が示すように中国政府を陰から支配する。バークレイズはアフリカ、インドでの支配体制の要（かなめ）の銀行である。ＲＢＳはシティグループを実質的に支配する。三井住友銀行はゴールドマン・サックスに優先株一五〇〇億円を与えている。ＲＢＳと三井住友銀行とゴールドマン・サックスは共同で資源ファンドをつくり、原油、穀物、鉱物分野への進出を画策している。

ＲＢＳはスコットランドとアイルランドを支配したサザーランド一族がつくった麻薬貿易の会社が発展してできたものである。幕末から明治にかけて日本と中国で暗躍したジャーディン・マセソン社の所有者（オーナー）であった。天皇家と三井財閥はマセイン社とともに日本の娘を海外に売り渡したのである。二十一世紀、このバークレイズのみならず、ＲＢＳも三井住友と結びつくであろう。中東とアフリカでの食糧の高騰に寄与することは間違いのないところである。

話は別方向にいってしまった。本筋に戻らないといけない。

ＨＳＢＣはＳＩＶ（幽霊会社）の整理をいちはやく連結化した。すべてのサブプライム関連取引をＳＩＶの連結化によって明確にした。バークレイズは五〇〇〇億円の損失額を出した。

RBSも損失額の整理をほぼ終了した。巨額の総資産から見れば、その損失額は知れていると私は書いた。この三つの銀行はアメリカの商業銀行や投資銀行とも異なる。この三銀行は商業銀行であり、投資銀行であり、投資会社であり、何よりもファンド組織である。オランダのABNアムロを買収すべくファンド組織を作りあげるのである。そして何よりもこの三大銀行が上げる利益はダーティマネーのフロートである。麻薬、兵器密輸、売春組織とも深く結ばれている。この三大銀行の歴史については簡単に触れた。二十一世紀の今日でも、その歴史の闇の部分をひきずっている。

もう一つ、HSBC、RBS、バークレイズは巨大な利益を常時上げている機構を持つ。中東の石油マネーを彼らは受け入れ、その金をアメリカに主として流している。アメリカの国債を買ったり、証券に株式にと投資している。この金が一時でも中断すればアメリカの経済は崩壊する。

ここまで書けば誰がアメリカの〝真の支配者〟であるのかが分かってくる。この三大銀行とロスチャイルド財閥が経営するNMロスチャイルドという銀行が深く結びついている。これらの銀行がイギリスの中央銀行であるイングランド銀行を支配している。

イギリスという国家は、かつての隆盛を取り戻すべく、アメリカを支配しようとしているのではないのだろうか。私はサブプライムを仕掛けたのはイギリスの巨大複合金融機関だと思っている。彼らがブッシュ大統領、チェイニー副大統領、グリーンスパン元FRB議長を操ったとも思っている。この三大銀行とNMロスチャイルドは英王室と結びついている。彼ら銀行の経営者、取締役たちのほとんどは貴族の称号を持っている。巨大なドルがロンドンの金融市場に入ってくる。そのドルは下落を続けている。彼らはそのために原油の高騰を演出し、ドル下落分を補っている。しかし、彼らはユーロを使わない。スイスとイギリスは自国の通貨を持っている。どうしてスイスはスイスフランにこだわるのか。スイスの銀行はどうしてアメリカのサブプライム売買に介入し、大儲けしようと企んだのか。次項でスイス、フランス、そしてドイツのサブプライムの風を見ることにしよう。ヨーロッパが何を狙っているのかを知るためである。

次項に移る前に、調査会社ディールロジックの二〇〇八年一月–六月期の世界の協調融資ランキングが発表されているので記すことにする（二〇〇八年七月十日付の日経新聞の記事による）。

「邦銀復活はなるか」米ゴールドマン・サックスが五月末に出したリポートが話題を呼んでいる。同社調査チームは「邦銀は国際融資で主導権を握る」と読む。

実際、協調融資の市場では兆候が見える。調査会社ディールロジックによると、一–六月の国別融資の実績は日本が前年同期比五六％増。米国の五〇％減とは対照的だ。金融機関別ランキングでも三メガバンクは前年同期からそろって順位を上げた。

日本の三メガバンクのうち、三菱UFJ銀行が九位から六位へ、みずほ銀行が十三位から九位へ、三井住友銀行が二十位から十二位へとランキングを上げたことになる。私はこの記事を読んで、「やっぱりそうか」と思ったのである。

それはイギリスのメガバンク三行の動行であった。RBSが六位から一位へ、HSBCが(二〇〇七年期に記載なし)七位へと順位を上げているからである(バークレイズだけは七位から八位へとランキングを下げているが)。イギリスのメガバンク三行は二〇〇八年から協調融資戦術を取り始めたのである。

私はこの三行が、協調融資を通じて世界中の金融組織の再編を狙ってきたと思っている。日本の三大メガバンクも近いうちに、オランダのABNアムロのように買収工作を仕掛られる可能性無しとはいえない。しかし、この三大メガバンクの狙いはもっと大きな標的に狙いを定めているのだ。それは、世界の資源を、直接的ではなくとも間接的であれ、手に入れようとしていることだ。中東のオイルマネーをアメリカで投資するやり方を世界の資源マネーでやろうとしていることだ。そのために三大メガバンクは9・11事件を利用し、ついにアメリカにサブプライム惨事を発生させた。

世界の協調融資ランキングの二〇〇八年一月−六月までの一位から五位を以下に記す。一位RBS。二位JPモルガン・チェース。三位シティグループ。四位BNPパリバ。五位バンク・オブ・アメリカ。

私はロンドンがこのサブプライム惨事の震源地であると書いた。ロンドンの三大メガバンクがガセネタを入れた証券の数々を組成し、これをシティグループ、UBSや他の投資銀行に売りつけていたのである。明確にしよう。ガセネタの証券の組成と運営はこのロンドンの三大メガバンクによってなされたのである。三大メガバンクは売りつくした後で、サブプライムから早々に手を引いた。

二〇〇八年十月八日、イギリス政府は公的資金（という名の血税）による大手英銀八行への資金注入を柱とする包括的な銀行救済案を発表した。その総額は五〇〇〇億ポンド（約一〇兆円）、大手銀行へは二五〇億ポンド（約五兆円）。RBS、バークレイズにもこの公的資金が注入されるが、HSBCとスタンダード・チャタードの二行は「自己資本が充分ある」として公的資金の受け入れを否定した。イギリスという国家は大手英銀の支配下にある、その事実がよく分かるのである。

さらに十月十二日、RBS、バークレイズ、ロイズTSB、HBOSの大手銀行四行に公的資金が注入されることが報道された。四行合計で三五〇億ポンド（約七兆円）。内訳は、RB

S＝一五〇億ポンド、バークレイズ＝三〇億ポンド、HBOS＝一〇〇億ポンド、ロイズTSB＝七〇億ポンドとされている（バークレイズは最終的に受け入れを拒否した）。RBS他の大手銀行の株価はそれでも下降している。ロンドン・シティで大手銀行の再編が始まるかもしれない。HSBCがその中心になるかもしれない。統一的な巨大銀行がイギリスに生まれる可能性がある。

●――国際巨大ネズミ講の姿が見えてきた

イギリスの三大メガバンクのサブプライム問題に関する対処を見てきた。三大メガバンクは早急に応急処置をとり、一応、二〇〇七年中に損失額を計上し、二〇〇八年の前半にほぼ損失処理を終えた、と私は書いた。そしてなお、サブプライム惨事を仕掛けたのは、この三大メガバンクの可能性が高いとも書いた。バークレイズは破綻したリーマン・ブラザーズの投資部門を買収して多額の借入金を抱えている。RBSは二〇〇七年度にオランダのABNアムロ買収で多額の借入金を抱えている。しかも、この二行は総資産を増大させている。私は、巧妙な〝八百長隠し〟にイギリス政府とイングランド銀行を利用しているとみている。イングランド銀行の役員の多くは、これらの大手銀行の支配者たちだからだ。

しかし、世界的な株価の大暴落にこの三大メガバンクが巻き込まれている。巨大なる闇資産を表に出すことはできない。だから嵐の過ぎるのをじっと待っている。

では、ヨーロッパではどのようにサブプライム問題が処理されつつあるのか。「神の吹かす風」はどのように吹いたのかを検討したいと思う。フランスの名門商業銀行ソシエテ・ジェネラルのスキャンダルから見てみよう。ヨーロッパは何かしら奇々怪々の様相を呈しているのである。朝日新聞(二〇〇八年二月二十二日付)から引用する。

フランスの金融大手ソシエテ・ジェネラルが二一日発表した〇七年十－十二月期決算は当期損益が三三億五一〇〇万ユーロ(約五三〇〇億円)の赤字に転落した。四半期ベースでの赤字転落は初。トレーダーによる巨額の不正取引や、米低所得者向け(サブプライム)住宅ローン問題が発端となった市場の混乱による損失が膨らんだ。他の金融機関による救済合併も取りざたされているが、ソシエテは独立を保ちたい意向だ。

株価指数先物取引の不正事件での損失が四九億ユーロにのぼったほか、投資銀行部門がサブプライム関連の債券や、「モノライン」と呼ばれる米金融保証会社向け業務にからんで計二〇億ユーロ超の損失を計上。〇七年通期では黒字を維持したが、八一％の大幅減益となった。

不正取引事件について、ソシエテは決算発表に先立って社内調査の中間報告を公表。ドイツの取引所から早期に問い合わせがあったにもかかわらず、対応が遅れた点について「トレーダーの説明を検証しないまま信じてしまった」と、内部管理の不手際を認めた。

文中の「不正取引事件」とは、同行の投資銀行部門のトレーダー、ジェローム・ケルビエル（三十一歳）が「上司に無許可で行った不正取引によって約四九億ユーロの損失を被った」とされる事件を指す。この不正取引についてフランスの有力紙ル・モンドが二〇〇八年一月二十九日に、背任などの容疑で当局の捜査を受けるジェローム・ケルビエルの供述内容を報道した。ケルビエルが単独で犯した事件ではなく、ソシエテの上層部がからんでいることが判明した。フランスの名門中の名門、格式高い商業銀行が、投資銀行部門をつくり、サブプライムにからんで損失を出していることが判明したのだ。この事件は世界中の株安、アメリカの政策金利の緊急利下げにも影響を及ぼしたとされた。

ソシエテについて、中川辰洋（なかがわたつひろ）が「金融ビジネス」（二〇〇八年春号）に書いている。引用する。

ソジェン〔ソシエテ・ジェネラル〕は米系モルガン・スタンレー、JPモルガン・チェースを引き受け幹事に指名し、二月二一日から二九日にかけて募集したが、増資予定額の約二倍の応募があるなど、文字どおりの大成功であった。この結果、ソジェンの自己資本比率（基本項目ベース）は八％台に乗せた。それに、増資に応じたのが友好的な株主だけでなく、クレディ・アグリコールのようなソジェンの買収を企図した金融機関も含まれていた。

中川辰洋のレポートには、ソシエテ・ジェネラルとBNPパリバの合併劇が描かれている。互いに買収を仕掛ける歴史である。日本では考えられないことである。フランス最古の商業銀行（一八六四年創立）は、生き残るためとはいえ、投資銀行部門をつくらざるを得なかった。そして、サブプライムに深くかかわっていくのである。私が前掲の朝日新聞の記事の中で特に注目したのは以下の文章である。

「株価指数先物取引の不正事件での損失が四九億ユーロにのぼったほか、投資銀行部門がサブプライム関連の債券や、『モノライン』と呼ばれる米金融保証会社向け業務にからんで計二〇億ユーロ超の損失を計上……」

私はこの文章の中の「モノライン」と呼ばれる米金融保証会社向け業務に、フランスの名門商業銀行が投資をしたという事実を知り、「ここまでサブプライム問題は浸透していたのか」と半ばあきれたのである。

私はサブプライム問題についての解説をほとんど書かなかった。しかし、ここでこの「モノライン」について書かねばならない。本山美彦（もとやまよしひこ）の『格付け洗脳とアメリカ支配の終わり』（二〇〇八年）から引用する。

> 金融保証会社は「モノライン」と呼ばれる。正しくは「モノライン保険会社」である。これは、金融保証会社が地方債や資産担保証券（ＡＢＳ）などの金融債といった、単一分野しか対象にしていないことからくる用語である。（中略）
>
> 米モノライン業界団体には、現在一二社が加盟している。その保証額は、二〇〇七年末時点で二兆二〇〇〇億ドル（約二四二兆円）と巨額である。
>
> その保証額の二六％が、証券化商品だ。サブプライムローンを組み込んだ、住宅ローン担保証券（ＲＭＢＳ）や、ＣＤＯを複雑に組み込んだ金融商品の元本保証を行うことで、ここ数年間、業績を大きく伸ばしてきたモノラインたちも、金融市場のパニックで支払い義務が急増し、一転して巨額の損失を出し始めた。

金融関係になじみのない読者ならば、理解しにくい文章である。私はだから、こういう紋切り型の文章をあえて書かずにきた。私が書いたのは、「誘惑してきた女は、厚化粧をして、十五㎝のヒールをはき、背中の下あたりにＡＡＡの刺青を彫った身持ちの悪い売春婦だった」ＡＡ（トリプルＡ）の証券は、ただそれだけでは売れない。その証券に保証書をつけてこそ完璧になる。そのためにモノラインという会社が必要であった。こう書いたのである。

ＡＡＡの刺青を彫った身持ちの悪い売春婦はその素姓がばれて売れなくなった――ということは、ガラクタ証券の価値が下がった。諸説があるけれども、「週刊ダイヤモンド」（二〇〇八年三月一日号）では、サブプライム関連の時価評価損失額は一七〇兆円から二四〇兆円であるという。そのうちモノラインが二七兆円であるという。これはあくまでも、発行日時点までの評価損である。これから、ＡＡＡの刺青の売春婦の価値が下がればモノラインの損失額が増加する。このようなモノラインにフランスの名門ソシエテ・ジェネラルが投資して、損失を出したのである。

私はこれから、スイスのＬＣＦＩであるＵＢＳのことを書こうと思う。この銀行を書くことは、サブプライム問題とは何か、ヨーロッパの銀行は今後どのようになっていくのかを知るうえでの鍵となるからである。中川辰洋が「金融ビジネス」（二〇〇八年春号）でＵＢＳについて触れているので引用する。

ソジェン〔ソシエテ・ジェネラル〕が第三者割当を採用した主因として、同行首脳がサブプライム絡みの損失に苦吟する欧米の金融機関、特にスイスの巨人ＵＢＳの轍を踏まないことを強く意識していたことを指摘しなくてはならない。百数十億ドル相当の評価損を計上したＵＢＳは、〇七年十二月、一三〇億スイスフランに上る増資計画をわずか四日で決定、しかも増資（転換社債）を引き受けたシンガポールのＧＩＣ（政府投資公社）や中東の〝得体の知れない投資家〟には実勢レートよりも高い一〇％近い利回りを保証した。これが、既存株主をして同行の再建ではなく、マルセル・オスペルら経営陣の保身であるとして批判の声を高らしめる一因となったのである。その意味からすれば、ソジェンは、ＵＢＳとは違う道を選択したともいえるし、それが結果として、ブートンら経営陣への信頼を強めたのであった。ここに、一月二十四日以来のソジェン「危急存亡の秋」はひとまず去ったといえよう。

　ちなみに、ＵＢＳの既存株主を敵に回し恥も外聞もなく会長職にしがみついたオスペルはといえば、四月二日、〇八年第１四半期に二〇〇億ドル近い追加損失を計上して進退窮まり、一五〇億ドル相当の第三者割当を置き土産に、その座を退くことを余儀なくされた。

　スイスの大手銀行ＵＢＳについて書くことにしよう。クレディ・スイスとともにスイスの二大銀行の一つである。クレディ・スイスはサブプライム損失が少ないのである。それに比較してＵＢＳの損失額は異常に多い。ということは、ＵＢＳは「サブプライムで大いなる利益を上げた」ということである。その利益は巧妙にも、ケイマン諸島などのタックス・ヘイブンに隠されたのである。

ここで一つの事実を明らかにしたい。アメリカでＳＩＶ救済に動いた「Ｍ－ＬＥＣ」についてである。スーパーＳＩＶともいわれるもので、財務省が呼びかけたシティグループ救済策であった。シティのみが七社のＳＩＶ（資産残高約八五〇億ドル）を経営していた。このＳＩＶが大損失を出していたから、バンク・オブ・アメリカ、ＪＰモルガン・チェース、ワコビアの三大銀行がシティを救済するために財務省を巻き込んだのである。では、シティ以外にどの銀行が、投資銀行がＳＩＶを経営していたのか。そのほとんどがヨーロッパの銀行であった。

私がヨーロッパからサブプライムの「神の吹かす風」がアメリカにやって来た、と書く理由の一つがここにある。次ページの図を見てほしい。「週刊ダイヤモンド」（二〇〇八年三月一日号）に掲載された「モノライン保証のポジションと損失額」のグラフである。

二〇〇八年二月十五日、ニューヨーク州保護局のディロン監督長官は、大手モノラインのＦＧＩＣが、証券化商品保証部門と地方債保証部門とに会社分割する考えであることを公にした。この日からモノラインという言葉が報道されだした。この発表の前日に、ムーディーズがＦＧＩＣの格付を最上級のＡａａからＡ３に一挙に引き下げた。この格下げにより、モノラインの

モノライン保証のポジションと損失計上額

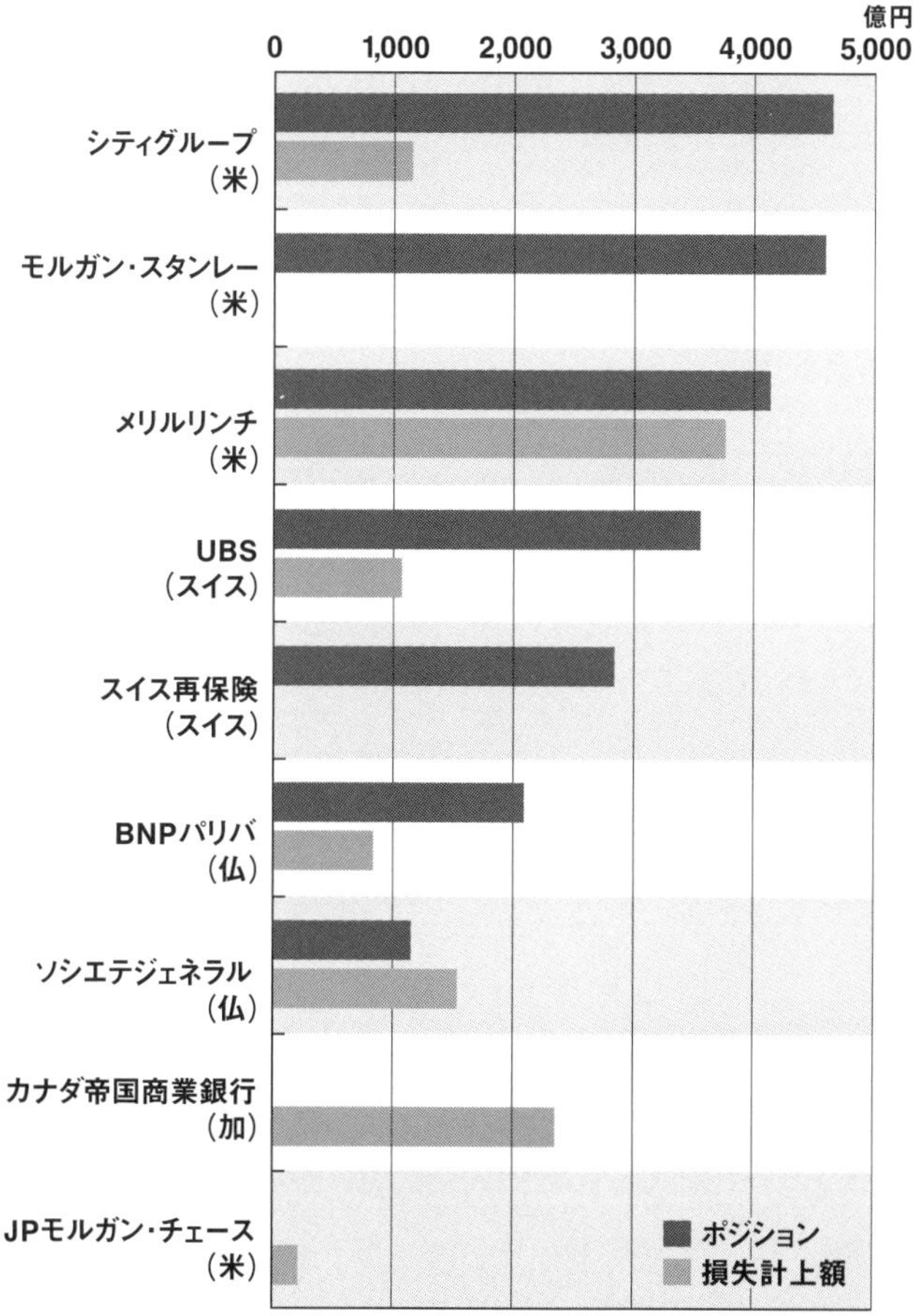

（注：2007年第4四半期ベース。みずほ証券クレジット調査部発表の資料を参考に作成）

保証する金融保証の「ＡＡＡの刺青を彫った身持ちの悪い売春婦」の証券が値下がりしだした。まさか、ＡＡＡが下がるとは、これを買った奴らは思っていなかった。それでモノライン損失が増大していった。

　前ページの表を見てわかるのは、損失計上額よりもポジション（含み損）が多いということである。二〇〇七年の末までは、ＡＡＡ以外の身持ちの悪い売春婦だけが価値が下がったと思われていたのである。しかし、二〇〇八年二月十五日以降、ＡＡＡの売春婦の価値が下がるという結果になったのである。シティ、メリルリンチ、モルガン・スタンレーのアメリカの投資銀行は別にして、ＵＢＳのポジションと損失額は異常としか言いようがない。ＵＢＳはどうして、ここまでサブプライムに深入りしたのであろうか。

　まず私たちが知らなければいけないのは、シティを別として、ＳＩＶなる幽霊会社を多数でっち上げて、ドイツ、スイス、フランス、イギリスの銀行が、アメリカのサブプライム惨事を演出したということである。バンク・オブ・アメリカ、ＪＰモルガン・チェース、ワコビアのアメリカのメガバンクは、むしろサブプライムを仕掛けられて立往生（たちおうじょう）したのである。シティグループはこのサブプライムのチーフ・リーダーとして大活躍する。これは例外なのである。このサブプライムを仕掛けたのがヨーロッパであることを知ると、アメリカが衰亡の道を突っ走っている姿が見えてくるのである。

シティグループについてはすでに書いてきた。シティがサブプライムの損失を埋めるべく出資者を募ったのだが、約一五〇億ドルが一気に集まった。なかでもアブダビ投資庁（UAE）は七五億ドルを出資した。

ではUBSはどうか。シンガポール政府投資公社九八億ドル、中東系投資家（不特定）一八億ドルである。UBSは二〇〇七年の十－十二月期だけでもサブプライム関連で一三七億ドルの損失を計上した。私はシティ同様、UBSも利益の分は闇ルートで隠していると思っている。しかし、隠した利益は公には出せないのである。それで損失分の資本を出資によらなければならない。この出資の中の「中東系投資家（不特定）」に注目したい。

UBSは出資をしようとする組織に不人気なのである。それは銀行としての不人気の度合いを示していることになる。私はLCFIの連中がシドニィ・シェルダンの小説にあるように、ロンドンかスイスのどこかの都市で会合を持ち、サブプライムでアメリカを衰亡への道を進ませるべく策を練った、と書いた。しかし、何らかの不和が発生していたのかもしれない。たしかに私の予想どおりにいっていいない。

しかし、間違いなく「神の吹かす風」がアメリカを狂わせたのである。それだけではない。世界中が「神の吹かす風」のために大不況に陥っているのである。

ヨーロッパのLCFIに巣食う神々たちの姿に別の角度から迫ってみよう。何かが見えてくるはずだ。

――サブプライム惨事での最恵国はスイスである

「CP」という言葉がある。「コマーシャル・ペーパー」の略語である。私はこのような専門用語を使うのをあえて避けて文章を書いてきた。SIV（幽霊会社）がこのCPを発行し、利益を上げていた。このCP市場はアメリカでは三十年以上の歴史があるので、別にサブプライムとの関連で新たに生まれたものではない。AAA（トリプルA）の売春婦は、刺青にそれがあるだけで高く売れた。しかし、AAAの刺青のない売春婦を売り込むために売人はさまざまに手を施した。そうして生まれたのがCPという名の刺青を持つ売春婦であった。多少意味は異なるが、このように考えると分かりやすい。

では、その売人組織の大元締（おおもとじめ）はどこのどいつか、ということになる。もちろんアメリカにも元締はいた。その中心がシティグループであった。しかし、大元締はロンドンにいたのである。この大元締も投資家を対象に販売するが、その大部分はドル建てであった。

読者はここで考えないといけない。イギリスの銀行はポンドであり、スイスはスイスフランであり、ドイツ、フランスはユーロである。ヨーロッパの銀行はドルを軽視している。ではドルをどうやって調達するのか。ロンドンの外為市場である。ロンドンの一日の取引量は七五三〇億ドル（二〇〇四年四月のＢＩＳ発表）。そのうちの九割以上が投機為替である。

私がロンドンを重要視する理由がここにある。スイスフランもユーロも即時にドルとなり、アメリカや日本へ流れていく。ヨーロッパの銀行は下落を続けるドルを持たず、値上がりを続けるユーロとスイスフランを常時持っている。ドルは投機上の貨幣にすぎない。それゆえ、ドルの値下がりを通して、為替差で利益を得ようとする。一九八〇年代までは経常収支で為替レートが決まっていた。しかし、金利の低い通貨を売って金利の高い通貨を買えば一定期間後に金利差分の利益が出る。円キャリー・トレードがその一例である。

しかし、故意に為替相場を動かせばもっと大きな利益が出る。ヨーロッパのユーロが高騰を続け、ドルが下落を続けて大いなる利益を上げた集団が存在することが理解できたであろうか。世界の外為市場での投機的取引額は一日に二兆ドルをはるかに超える。これが八百長的要素を含んでいることを理解すれば、サブプライム問題は、ほんとうは世界不況の一つの〝事件〟にすぎないことが分かるのである。

サブプライム惨事がヨーロッパを襲い、ドルがアメリカへと還流しだした。二〇〇八年夏以降、ヨーロッパの中小の銀行がドル不足に陥った。アメリカのみならず、ヨーロッパも大不況に突入した。国際ネズミ講が世界中に拡大したのである。ユーロもドルと同様に下落を続けている。ほんの一部のLCFIの連中のみが利益を上げ続けている。

もう一つ、サブプライム問題を理解するうえで大事なことがある。ドルやポンドは債務国通貨である。つまり、ドルやポンドは経常収支赤字国の通貨なのである。アメリカとイギリスは国内貯蓄率が低く、金利水準が高い。逆に経常黒字国は資金の出し手として黒字分だけ対外債権を持つことになる。日本の円とスイスのスイスフランは債権国通貨である。日本はドルという対外債権を大量に持ちつづけ、円高になったにもかかわらず、総資産をドル安のために四〇兆円ほど損失した（二〇〇八年六月現在）、といわれている。しかし、スイスはドル高の局面でドルを売りつくした。言葉を換えれば、UBSという銀行がドルによる損失を抱え込んだ。しかし、その結果、ドルが減少し、スイスフランが高騰した。スイスはUBSのサブプライムによって、大いなる利益を上げたのである。このカラクリを通して、UBSとその他の銀行は、スイス国立銀行を含めて、金（きん）の高値続きのために、原油産出国並みの利益をも上げたのである。世界中の金の大半はスイスにあるからだ。

私たちは物の見方を変えなければならない。一方的に垂れ流される誘導情報に振り回されてはならない。UBSがどれだけサブプライムに深入りしていたかをこれから記すことにする。何も予備知識を持たずに読むと、UBSが巨額の損失ゆえに銀行倒産に至るのではないかと思われるであろう。アメリカのシティとスイスのUBSがいかにサブプライムを演出して、この世界を狂わせたかを読者は知ることになる。

欧米金融機関がヘッジファンドにいかに資金を提供していたかを次ページ（一四〇ページ）のグラフが示している。

この表は二〇〇七年六月時点でのヘッジファンド向け融資などの与信供与の様子を示している。いかにＵＢＳがサブプライムでの関与が高いかを示している。ヘッジファンドとは公的な組織ではなく、個人的な組織が行う投資活動である。ＵＢＳはＡＡＡの刺青女ではなく、ランクの低いＢクラスの刺青売春婦を売るべく、ヘッジファンドに多額の資金を提供し、売りに売りまくらせたのである。その収入はＳＩＶ（幽霊会社）という簿外のシステムで、ほとんどすべてタックス・ヘイブンに流された。ＵＢＳはヘッジファンドに提供し続けた資金の残高が世界で最も多いということは、それだけＢ級以下の売春婦を売りまくって得た金も多かったと読者は理解しないといけない。

ＵＢＳとモノラインとの関係については記した。ＵＢＳは証券化商品を売るために、これを保証するモノラインの会社を保証した。〝持ちつ持たれつ〟の関係であった。

ＵＢＳのアメリカにおける実行部隊はディロン・リード社であった。このユダヤ系の商社はお金になるものは何でも扱った。戦前・戦後の日本とも深い結びつきがあった。ＵＢＳはこの商社を買収し、ファンドを設立した。このディロンのファンドがディロン・リード・キャピタ

欧米金融機関のヘッジファンドへの資金提供額

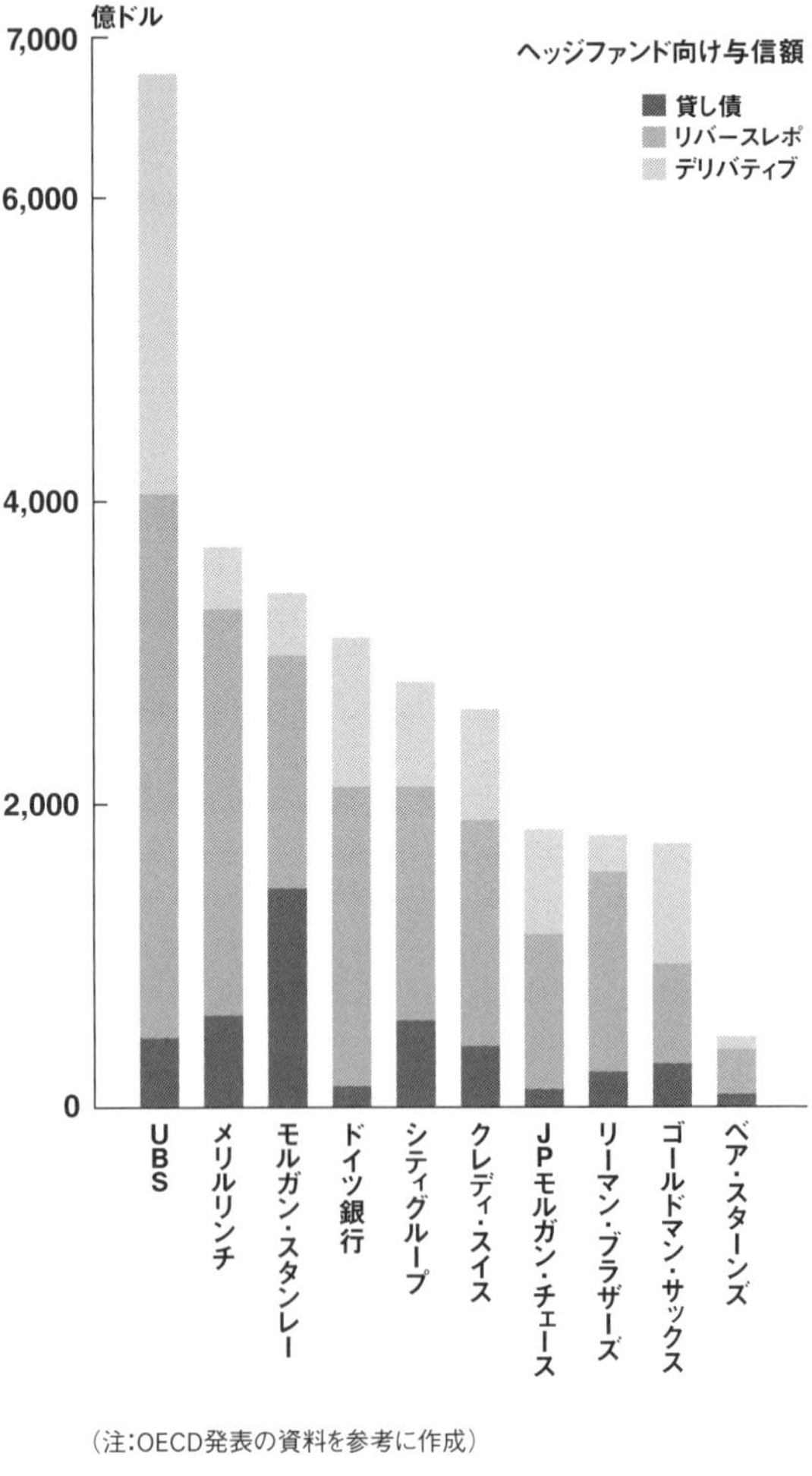

（注：OECD発表の資料を参考に作成）

ル・マネジメントである。CDOなる組織がB級クラスの証券を大量に印刷し、ドルと同じように見せかけ、中小の銀行から個人にいたるまで売りつくした。ディロン・リードはその売上げを増やすために、ヘッジファンドに大量の資金を提供した。この証券の売上げ額、それによる利益を一切発表することはなかった。売れ残りのB級ないしB級以下の証券の残高をドル計算し、ディロン・リードを倒産させて、何もかも水に流して、自社の資産の中に損失分のみを繰り入れて損失を出したと騒いでいる。UBSは「二〇〇七年十二月期と〇八年一－三月に合わせて三七〇億ドル（約三兆七〇〇〇億円）を超す損失を計上した。リスク管理などの経験に欠けていた」と発表した（二〇〇八年四月二十一日）。

この三七〇億ドルの損失額はシティの四五〇億ドルの次である。後にメリルリンチが続く。この三銀行以外は少ない。UBSがヨーロッパのサブプライムの主役であったことが理解できよう。

しかし、この損失についても不可解な点がある。FRBと財務省が銀行を救済するために、売れ残った、買い手がつかない、下落を続ける証券を担保にとって、国債という形で、ドルを与え続けているからである。シティもUBSも印刷しただけのガラクタ証券を直接に、あるいは中小の銀行を通してFRBと財務省に渡している。そして、あのAAAの刺青を持つ身持ちの悪い売春婦と同じように、AAAの格付を持つアメリカ国債を買うという形で、彼らはドルを得ている。誰がいちばん損をしたのか。それは、騙されてサブプライムローンで家を買い、追い出された〝家なき子〟である。また、住宅を建てた職人である。その家を売ってローンを組んだ住宅会社である。

しかし、本当に困っているのは、ドルの垂れ流しにより、ドルが世界通貨の価値をなくしたがために、原油高、食物高……に苦しみだした世界中の貧者である。

モノラインも多少の色をつけられて、FRBと財務省が介入し、事なきを得るであろう。そのときも多量のドルが印刷されるであろう。UBSに話を戻そう。

UBSがいかに八百長恐慌を演出する銀行であるかが、以下の事実を知れば分かる。サブプライムの何であるかも別の一面から知りえよう。

ブラックロックなる米資産運用会社のローレンス・フィンク会長兼CEOが二〇〇八年五月中旬に来日した。日経新聞（二〇〇八年五月二十一日付）に次の記事が出た。

――UBSとも連携する計画があるようだ。

「我々が管理するファンドがUBSのサブプライム、オルトA関連の住宅融資資産を購入する。ファンドには外部投資家が三十七億ドルを出資。購入資金はUBSが提供し、購入額は百五十億ドルにのぼる。問題資産処理のバッドバンクになる」

——一連の動きの狙いは。

「我々は資産のリスク分析、評価、管理を請け負ってきた。サブプライム問題でリスク管理が難しくなり、専門家である我々に管理依頼がきた。ほかの大手金融機関ともバッドバンク設立で交渉中だ。一方、我々には資産を預ける顧客がいる。日本の投資家を含む顧客に住宅関連資産への投資を呼びかけている」

——米住宅価格はもっと下がるのではないか。

「我々はサブプライム関連資産を簿価の六八％の価格で買った。それは将来の値下がりも織り込んでいる。価格の底が確認できたわけではないが、巨額の待機資金が動けば反発も早いので底値で買うのは難しい。長期的な視野で、いまから少しずつ買い始めるべきだ」

——日本での展開は。

「サブプライム危機で日本でも我々のリスク管理ビジネスへの需要が強まっている。この一年でリスク管理資産残高は倍増し、伸びが期待できるのでさらに部隊を増強する」

この日経新聞の記事は甘い。私はＡＡＡがトリプルＡで、後はＢとかＣとかいろいろあるとしか書かなかった。例外なくサブプライムの本は、このランク区分に紙幅を多く割いている。

要するに、売らんかなの一点から、サブプライムをランク分けしたのであり、AAAもオルトAも同じガラクタ証券である。今、このガラクタ証券は一〇分の一の価格でも売れていないのである。米資産運用会社ブラックロックは〝イカサマ〟をやりに日本に来たとしか思えない。このネズミ講は、最初から破綻を目的としてつくられているのである。

朝日新聞（二〇〇八年五月二十六日付）には次のような記事が出ている。

リスク軽減のための資産売却も簡単ではなさそうだ。

UBSは二一日、サブプライム関連の証券など一五〇億ドル（約一兆五六〇〇億円）を、投資会社ブラックロックが運営するファンドに売却したと発表した。二二〇億ドルの簿価の資産を値引きした。

ただ、ブラックロック側が支払った資金は、三七・五億ドルは投資家から出資を募ったものだが、残りの一一二・五億ドルはUBSの融資だ。市場関係者からは「これではUBSの抱えるリスクが一定程度残ったままになる。苦肉の策だ」との指摘も出ている。

金融市場の混乱が実体経済に波及する可能性も現実味を帯び始めている。今月十四日、英中央銀行のイングランド銀行のキング総裁は、英国経済の先行きについて、言葉を選びながらこう発言した。「今後、1四半期から2四半期はマイナス成長に陥ることもありうる」

日経新聞はブラックロック会長との会見のあとに、「ブラックロックの動きは凍りついているサブプライム関連資産に資金を流すきっかけになると市場で受け取られ、同問題に起因する過度な悲観論後退の一因となった」との解説を載せている。私はこの解説を読んで、日経新聞には申し訳ないが、この会見記と解説には納得がいかない。朝日新聞の見方に一理あるとする。しかし、朝日新聞の記事も甘すぎる。UBSは無価値に近いものを処分するために、売値をほぼ無視して、三兆円の損失金（二〇〇八年三月期まで）の半分をドブに捨てたのである。裏取引で、もし売れたら、幾らかをブラックロックから貰う話が出来ていると思えるのである。UBSにとって三兆円の損失金は端金（はしたがね）にすぎないのである。

私はテレビでUBSの株主総会の模様をたまたま見た。株主たちが経営陣の退陣を迫っていた。私はこの場面を見て、彼らの怒りは正当だと思った。株価が急落していたのである。株主にとってこれは大変な問題である。株価は下がるし、配当金も少ないからである。

しかし、UBSの経営陣にとっては、これはたいした問題ではない。今後ともサブプライム惨事で数兆円の損失が出る可能性があるが、総資産の一部を充てればいいのである。この銀行が持つスイスフランの価値が上がり、総資産は増えに増えた。アメリカのドル価値が下がるにつれてUBSの持つ金塊の価値が上がり続けた。UBSそしてスイスは、大いなる利益を今日でも上げ続けている。

ロンドンの三大銀行とスイスのUBSがこのサブプライム惨事を仕掛けた、というのが私の結論である。ロンドンの三大銀行の出先機関ともいうべきアメリカのゴールドマン・サックスとシティグループがこれに応じて行動に出た。ロンドンの三大銀行とUBSはユダヤ資本という一点で深く結ばれているのだ。

あえて書くことにしよう。

サブプライム惨事を演出したLCFIのビッグたちは、例外なくユダヤ系大銀行である。

［第四章］

計画された恐慌で世界は壊滅していく

超大国アメリカ、壊滅へのシナリオ

ポール・サミュエルソンは新古典派経済学にケインズ経済学を組み合わせた新古典派総合経済学の創始者である。一九七〇年にノーベル経済学賞を受賞した。「週刊東洋経済」(二〇〇七年六月二日号)に彼の対談記事(聞き手リチャード・カッツ)が出ている。サミュエルソンは一九一五年生まれで当時九十二歳である。

――長期にわたる日本の不況から、経済政策立案上、どんな教訓を得られますか。

「バブル期の日本はまるでギリシャ悲劇のようでした。日本は舞い上がっていて、私たち米国人に対し、米国のやり方は時代遅れだ、米国の問題の元凶はハーバード・ビジネススクールだ、日本には全員一致と終身雇用による新たな企業統治の手法があると言っていました。日本の最高レベルの経済学者でさえ、経済学の理論的な側面は非常によく理解しているものの、経済活動の現実面の探求が足りないように思えます」

私はサミュエルソンのこの言葉に接して、「今のアメリカこそギリシャ悲劇のようではないか」と思った。〝滅亡のシナリオ〟が書かれて、ほぼそのシナリオ通りにアメリカ滅亡への道、否、壊滅への道を進んでいるのに、サミュエルソンは気づいていないようである。続けて彼の考えを読んでみよう。彼は今のアメリカの悲劇に無知であることが分かる。

――グローバル化が中間層に痛手を与えていると主張する人がいる。しかし、経済学者の多くは、グローバル化はウィン・ウィンゲームであって、すべての国が恩恵を受けることができると主張しています。

「私は、米国は全体として貿易から利益を受けると考えています。ただ、適切な分配政策を採らないかぎり、中間層と労働者階級が痛手を被りかねない。貿易から生じる利益は、自動的には労働者階級には行かないものです。貿易によって一人当たりのGDPは上昇しても、上昇分は自動的に分配されるわけではありません。

問題は、格差拡大を是正するために強硬策を採ることはできないという点です。政府がGDPの半分まで分配する社会になると、すぐに腐敗が始まり、真の草の根の必要に応じられなくなるなどの弊害が生じる」

グローバリズム経済を進行するうえで役に立つ金融理論を構築した、巨大複合金融機関（L

ＣＦＩ）に都合の良い学者にのみ、ノーベル経済学賞は与えられてきた。将来もこの方針に変わりはないと思われる。マネーの過剰がもたらす弊害などを追及すると、まずその学者はアメリカの大学教授への道を阻止される。従って、彼らノーベル経済学賞を受賞した連中の本はサミュエルソンの本同様に読んでも面白くない。

だから、彼らが語るグローバリズムについても新鮮なところは全くない。しかし、一部例外がある。ジョセフ・Ｅ・スティグリッツである。彼はノーベル経済学賞を受賞後、『世界に格差をバラ撒いたグローバリズムを正す』と『人間が幸福になる経済とは何か』を世に出した。この二著作も、グローバリズム批判としては甘い。しかし、批判的に論じただけでもよしとしたい。彼の『世界を不幸にするアメリカの戦争経済』についてはすでに引用した。もう一度引用する。アメリカの悲劇が書かれているからである。滅亡へのシナリオが見えるからである。

連邦準備制度理事会（ＦＲＢ）は戦争のマイナス効果を相殺（そうさい）するため、本章内で論じたような措置を実行に移してきた。金利の引き上げを見送り、金融機関の貸出基準の緩和に目をつぶり、アメリカ人がもっと金を借りられるように、もっと金をつかえるように後押ししたのだ。

記録的な低金利が続くなか、当時のＦＲＢ議長アラン・グリーンスパンは事実上、変動金利型の住宅ローンを推奨し、「さらなるリスクを取れ」と国民を焚きつけてきた。変動金利型は初期の利払いを低く抑えられるため、同じ抵当物件でもより大きな資金が借りられる。こういうからくりがあったからこそ、アメリカは身のほどを超える消費を続けてこられたわけだ。

アメリカ人世帯の貯蓄率はみるみるうちに、大恐慌以来のマイナス水準まで下落していったが、低い金利が上昇に転じるのは時間の問題だった。そして、現実に金利が上がりはじめると、変動金利型を採用していた数十万人の国民は、支払い能力以上の返済を迫られ、最後には自宅を手放さざるをえなくなった。このような事態は予測可能であり、……実際、事前に予測されていた。歴史的な低金利がいつまでも続くはずなどないのだ。おそらく、本書が出版されるころになっても、〝サブプライム〟危機の全貌はまだまだ見えてこないだろう。すでに成長は鈍化を始めており、アメリカ経済はふたたび大きな余剰生産力をかかえ込もうとしている。

私が今まで書いたことと、このスティグリッツの書いている文章の内容とは一致する。彼はイラク戦争とサブプライム危機は同じ原因から出ていると述べている。グリーンスパン前FRB議長がイラク戦争に協力する場面を私は書いた。この男こそ、ヨーロッパのあの巨大複合金融機関が創り上げた疫病神の使者であった。〝アメリカの悲劇〟を知るためにこのグリーンスパン元FRB議長を見てみよう。「週刊東洋経済」（二〇〇八年三月一日号）には次のように記されている。筆者はサミュエルソンにインタビューしたリチャード・カッツである。

米国のサブプライム危機は、構造的なものではなく、政策の失敗によって発生したものである。伝統的な銀行規制では、銀行は頭金を支払うことができない人や、ローンの返済能力のない人にローンを貸すことは禁止されている。

しかし、ノンバンクが米国最大の住宅ローンの貸し手になったとき、FRB（連邦準備制度理事会）は銀行に対する規制と同じ規制をノンバンクに課さなかった。さらに事態を悪化させたのは、ノンバンクは住宅ローンが返済されるかどうか気にする必要がなかったことである。なぜならノンバンクは住宅ローン債券をすぐに投資銀行に売却し、投資銀行はローン債券をリパッケージして証券化したからである。

一九九四年に連邦議会は、FRBがノンバンクに銀行と同じ住宅ローンの貸出基準に従わせる権限を付与する法律を成立させた。だが、不幸にも、〝市場主義の魔法〟というイデオロギーを信奉するアラン・グリーンスパンFRB議長（当時）は、その権限を行使することを拒否したのである。

リチャード・カッツは巨大複合金融機関に操られるグリーンスパンを見事に描いている。もし、グリーンスパンに良心の一片でもあれば、サブプライム惨事は発生しえなかったと言っても過言ではないのである。

グリーンスパンは、その人生の過程において、タイム、ゼネラル・フーズ、JPモルガン、モルガン・ギャランティ・トラストの各役員を勤めていた。しかし、彼は自伝の中で、この時代のことを巧妙に避けて語らない。

彼は巨大複合金融機関の〝見えざる手〟に踊らさせていることを、心ならずも、自伝『波乱の時代』の中に書いている。

予防措置や支援体制として、財務省や主要国の中央銀行などの世界の金融当局が、この巨大で新しくグローバルな存在を規制しようとするべきでないか、との考えがある。世界的な規制は大して効果がなくとも、少なくとも害にはならないのではないかといわれている。だが、じつは害になりうるのだ。規制は、その性格上、市場の自由な動きを制限し、速やかに動いて市場を再均衡させる自由を制限する。この自由を損なえば、市場の均衡プロセス全体がリスクにさらされる。(中略)

今日の世界で、政府の規制を増やすことがプラスになると考える理由が、わたしにはよく分からない。たとえば、ヘッジ・ファンドの財務諸表データを集めても無駄である。インクが乾くころには、データが古くなっているのだからヘッジ・ファンドやプライベート・エクイティ・ファンドのポジションを報告させて、どこに資産が集中して、金融危機を誘発する恐れはないかみるべきだろうか。わたしは六十年近く金融市場の報告書をみてきた。だが、ポジションの集中が、システムから不均衡を取り除くという本来の機能を果たす過程で起きているのか、それとも危険な取引が行われている証拠なのかは、こうした報告書から判断することはできない。できる人がいるとすれば驚きだ。

私はグリーンスパンの自伝を読みつつ、このような文章を吟味しつつ、狡猾（こうかつ）で、非情で、人間として最も大事な思いやりの思想を持たぬ男が長い間、ＦＲＢの議長を勤めたことに義憤を感じた。アメリカの悲劇の原点をこの男の中に発見し、「ああそうだったのだ！」と思わず心の中で叫んだ。このグリーンスパンという男は、フィリップ・ロスチャイルドを中心とする闇の組織に見事に育てられ、アメリカを滅亡させるために強制的に働かされたのであると確信した。「……だが、じつは害になりうるのだ。規制は、その性格上、市場の自由な動きを制限し、速やかに動いて市場を再均衡させる自由を制限する……」

グリーンスパンが、〝市場主義の魔法〟というイデオロギーを信奉したがゆえに、ノンバンクに銀行並みの規制を課するという法律の成立を無にしたのではなかったか。

私は、グリーンスパンがリバタリアニズム（自由意思論）の信奉者であると書いた。この思想はアイン・ランドの『水源』の中に見事に描かれているとも書いた。ランドはロシアからのユダヤ人亡命者である。グリーンスパンと同民族である。この『水源』は今でも若者たちに読まれている。これには深い理由がある。ユダヤのある組織が、ランドの『水源』とか『肩をすくめるアトラス』などの小説や論文集を約五四万部、無料で毎年毎年、アメリカの高校生たちに配布しているからである。何が自由意思なものか。アメリカの若者たちを、数十年にわたって、アイン・ランドを通して、〝強欲の思想〟を善とするような洗脳を続ける巨大な組織が存在するのだ。この巨大組織に資金を提供し続けているのが、ロンドンの三大銀行、スイスのUBSやクレディ・スイス、ドイツのドイツ銀行、そして、シティグループ、ゴールドマン・サックスらである。アメリカの悲劇は偶然ではなく、必然の中で創造されたものである。

グリーンスパンについて書かれた文章を引用する。ポール・クルーグマンの『グローバル経済を動かす愚かな人々』（一九九九年）である。クルーグマンについては紹介した。あの「AAAの刺青をもつ身持ちの悪い売春婦」の話の中でだ。この本が書かれた時点で、サブプライム問題はまだ発覚していない。

グリーンスパン（あるいは彼の後継者）をモデルに加えることによって、古典的なマクロ経済のモデルができあがった。見えざる手がいつの日か経済を完全雇用へと調整していくのでなく、ＦＲＢの見える手が二、三年という期間で、目標とする「インフレなき失業率」へと調整していく。そのためにＦＲＢは金利を引き上げたり引き下げたりし、貯蓄と投資を一致させ、その目標とする失業率へと調整していかなければならない。したがって「貯蓄のパラドックス」や「寡婦のつぼ」などは、すべてどうでもよくなる。特に貯蓄率の増加は、結局のところ、より高い投資に結びつくだろう。なぜならＦＲＢがそのように調整するからである。

クルーグマンが言わんとすることは、ＦＲＢの政策の中に、アメリカ人の貯蓄率を高めようとするようなものが全くない、ということである。ＦＲＢは、貯蓄を勧めるより、その金で投資を勧めているということである。新聞を見ても、アメリカの失業率が上昇したというニュースばかりである。貯蓄率が下降を続け、アメリカ国民のみならず、アメリカ国家も借金漬けである。グリーンスパンは借金漬けになるようにアメリカを誘導したのである。サブプライム惨事は、そうした状況の中で、ヨーロッパの神々によって見事に演出され、そして成功した。アメリカ国民はアイン・ランドの本を数百万冊もタダで読まされ、グリーンスパンに導かれ、悪しき方向へと変わっていった。

こうした中で、二十一世紀に入り、ついに巨体複合金融機関（ＬＣＦＩ）とイスラエルは共同戦線を組織し、頭のお弱いジョージ・ブッシュを大統領にし、お目付役のディック・チェイニーを副大統領にすることに成功した。この大統領と副大統領の登場によって二〇〇一年から二〇〇八年の初頭にかけて、アメリカは決定的な打撃を受けた。それは多分、これから数十年にわたって、とり返しのつかない損失となるものである。

サブプライム危機とイラク戦争は一体である。次項では、ブッシュとチェイニーの正体に迫ることになる。アメリカは、どのようにして、巨大複合金融機関とイスラエルによって変貌させられたのか。

●副大統領チェイニーも破綻するアメリカから資産逃亡

「ＳＡＰＩＯ」（二〇〇八年五月十四日号）に「バフェットもゲイツもソロスも副大統領チェイニーまでがドルを見放した」という記事が出た。筆者は浜田和幸である。

二〇〇七年十一月、アメリカの会計検査院は衝撃的な発表を行なった。「アメリカ政府の累積赤字は五三兆ドルにものぼり、救済の可能性はゼロに等しい」と財政破綻宣言をしたのである。米政府には天文学的な額の借金があり、これを返済することなどとうてい不可能だと言っているわけで、事実上の死亡宣告である。アメリカ国債やドルが〝紙くず〟になる可能性が高まってきた。

浜田和幸はベア・スターンズの経営破綻に「FRBは連鎖倒産を防ぐため二九〇億ドルもの融資を決めた。二十年前ならFRBが金融機関の救済のために公的資金を注入することなどありえないことだ」と書いている。この大手投資銀行ベア・スターンズのFRBによる救済を、私は巨大複合金融機関に敗北したゆえと書いた。浜田和幸は続けて次のように書いている。

ベア・スターンズ社は自己資金が八〇〇億ドルに過ぎないのに、デリバティブによる運用でアメリカの国家収入を超える一三兆四〇〇〇億ドルという巨額な投資ポジションを維持し、世界中の金融機関に商品を売りさばいていた。倒産させれば金融恐慌に発展しかねず、FRBとしては苦渋の決断だったはずだ。

私はベア・スターンズの倒産は計画的であったと書いた。ベア・スターンズを最大限に利用し、住宅ローン債券を買い集めさせ、これにＡＡＡの刺青などを施してシティグループやＵＢＳにＣＤＯなる得体の知れぬ証券を用意し、運用させていたのはロンドンの三大メガバンクだと書いた。しかし、不思議ではないか。どうしてこの重大な事実をだれも書かないのか。

浜田和幸はアメリカ副大統領チェイニーについて書いている。イラク戦争の実行者であるチェイニーがその正体を現す場面である。

アメリカ経済はタイタニック号のようにすでに半分沈没した状態だが、救命ボートで逃げ出そうとしている人々の中にとんでもない人間がいた。

チェイニー副大統領は、アメリカ国債などで保有していた二五〇〇万ドルもの個人資産をすべてユーロ債に換えており、今年に入ってユーロ高が進んだことでそれが問題となったのである。

チェイニーは石油関連企業ハリバートンの元ＣＥＯで、今も個人では最大の株主だが、ハリバートンは湾岸戦争とイラク戦争で莫大な利益を上げたことで知られている。イラク戦争がアメリカの財政破綻の一因になっていることは間違いないが、開戦の意思決定に関わったチェイニーが戦争の陰で大儲けし、しかもアメリカ経済が破綻しそうになると、儲けた金をユーロ債に換えて国外に退避させたのだ。アメリカ国民だけでなく、世界中の人々を小馬鹿にした行為と言うほかない。

ブッシュ大統領を動かすチェイニーが自分自身の財産をドルからユーロに換えていたのである。彼が最も詳細にアメリカ財政の破綻状況を知っている。それゆえの行動といってしまえばそれまでだが、ひどいものである。

「テロとの戦い」は9・11事件の後に始まった。私は9・11を故意につくられた偽装テロ、すなわち〝事件〟だと考えている。このことはすでに書いた。ブッシュ政権は本当はチェイニー副大統領とポールソン財務長官による二頭政治であり、ブッシュは単なる飾り物である。イスラエルの意向を受け入れたチェイニーがブッシュを洗脳教育し、「テロとの戦い」というセリフをひたすら叫ばせている。ブッシュ政権の八年間、財政赤字は就任時よりも増大した。何よりもドル安と原油高を自作自演のテロとの戦いのなかで招いてしまった。

そして二〇〇八年に入ると、ブッシュとチェイニーはイランへの攻撃についてさかんにアメリカ国民をけしかけている。

二〇〇七年十二月三日、国家情報会議が「情報評価報告書」を発表した。その中に「イラン・核兵器開発の意図と可能性」という報告書が入っていた。「……私たちはイランが〇三年から核兵器プログラムを中止していることを極めて高い信頼度を持って判断できる」と報告書の中に書かれている。しかも、この報告書の内容は二〇〇七年八月にはブッシュに報告されている。

しかし、ブッシュは「イランを制裁しろ！」と世界中の政府に脅しをかけている。ブッシュはイランに核攻撃を仕掛けようと陸軍を動かそうとしたが幾度も失敗している。「第三次世界大戦さえ辞さない」とブッシュは、アル中か麻薬中毒患者のような虚ろな眼をして喋りまくっている。このアメリカの経済は巨大複合金融機関の支配下に組み込まれ、その手下としてポールソン財務長官とバーナンキＦＲＢ議長が動いている。政治・軍事では、ブッシュとチェイニーがイスラエルというユダヤ国家のために働いている。それゆえにこそ、イランとの戦争計画もサブプライム危機も同時進行の形で起こったのである。

「ニューズウィーク」（二〇〇八年一月三十日号）から引用する。「アメリカが赤字で潰れない理由」が書かれている。筆者はダイアナ・フレルとスーザン・ランド。

悲観論者は世界の資本市場で進行する三つの重要な事実を見落としている。まず、アジアの工業国や石油輸出国、石油以外の国際商品産出国には余剰資金が豊富にある。二つ目に、対外投資への関心が強まっているうえ、技術の発展によって低コストで簡単に投資できるようになった。三つ目に、対外投資先としてアメリカが予想以上の魅力を放ってきたことだ。

一九九九年に米経常赤字が初めてGDPの三%に達したとき、持続不可能なほど巨額だと多くのエコノミストが警告した。政策立案者たちは市場の調整を避ける方法をあわてて探った。その後も経常赤字は着々と増加して〇六年に八〇〇〇億ドル（GDPの六%）を超えた。しかし市場は暴落しなかった。

アメリカが最悪のシナリオ通りに滅亡しつつあるのに、これはまた見事な楽観論という他はない。この楽観論者二人の考え方は読むに値いする。続けて引用する。

問題は、アメリカに対する外国の投資熱が冷めないかどうかだ。各国の通貨がドルに対して強くなっていけば、外国の投資家がアメリカで利益を得ることはむずかしくなる。実際、信用市場の混乱もあってか、〇七年七月−九月期のアメリカへの資金流入は鈍化している。

だが長期的にみると、アメリカが魅力的な投資先であることに変わりはない。まず、所得増のカギを握る生産性が向上している。ほかの先進国と比べて国民が若く、人口の伸びも速い。金融市場は世界で最も大きく、流動性が高く、発達している。だからこそ、〇七年にサブプライム危機が起きた後、経営難に陥ったアメリカの金融機関に巨額の資金がつぎ込まれた。

この楽観論者の説によると間違いなく私は悲観論者である。私はロンドンを中心とする巨大複合金融機関とイスラエルによって、アメリカはシナリオ通りに滅亡しつつあると信じている。アイン・ランドの思想とキリスト教原理主義によって、アメリカの良心が木っ端みじんにこなごなに砕かれたと信じている。政治も経済も、すべて心の問題であると信じている。アメリカ人の心が半世紀以上にわたって、ロンドンに巣食う神々たちとイスラエルに巣食うユダヤの神によって砕かれてしまったから、もう回復する道はないのだと思っている。だからアメリカでは、数百万単位の麻薬中毒患者がいるのである。彼らは心を病んでいるのだ。

神谷秀樹の「米国バブル崩壊／サブプライム本当の恐怖」（「週刊文春」二〇〇八年二月七日号）をもう一度引用する。アメリカの企業の姿が描かれている。

米国では一九八〇年代、金融機関や電力会社などの公共企業を除いた一般事業会社の七割が投資適格とされるトリプルB以上の格付を受けていました。しかし、それが二〇〇六年には逆に七割が投資適格でないダブルＢ以下の水準になってしまった。つまり、いまや米企業の七割が「ジャンク企業」だということです。

　これらの企業には体力がなく、少しの不況でバタバタと倒産しています。仮に七割の企業が倒産したら、大量の不良債権を抱えた金融機関は貸し出しを控え、クレジットクランチ（信用収縮）を招き、大不況となるでしょう。

八〇年代に優良だった企業がなぜそんなに借金をしたのでしょうか。それは「プライベート・エクイティ・ファンド」（未公開株式を取得し、株式公開や第三者に売却をすることで、「利益を獲得するファンド」）や「ＬＢＯファンド」などと呼ばれる金融投資家が、企業に圧力をかけ、莫大な借金をさせてまで自らの投資リターンを大きくしようとしたからです。

神谷秀樹はこれを強欲資本主義といっている。サブプライム惨事はどうして起こったのか。アメリカ人の心がすさみ、金儲けの亡者（もうじゃ）が増えたからである。

私はサブプライム関連の本を読んで、まず思ったのは、どうして人間はこれほど騙されやすくなったのであろうかという点である。神谷秀樹も書いているが、サブプライム惨事は氷山の一角にすぎないのである。いろんなローンがあり、これらのローンは様々な証券化商品に組み込まれていく。そして債務担保証券となる。これはCDOと呼ばれている。私はこれに〝有機体証券〟と名をあてた。不思議でならないからである。証券を切りきざんで再度加工して、また、ろくでなしの証券とする。こんな証券が数十兆ドルもこの世界中にばら撒かれたままである。もう、まったくと言っていいほどに無価値となっている。果てしなく増殖していくこのCDOなる〝化け物〟を販売するのに、互いに保証しあう組織ができた。この組織がリスクを軽減する名目で保証しあうために金を払うという。これをCDSとかいう。

私はこの本の中でCDSなる化け物について書くまいと思った。しかし、書かざるをえない。六二兆ドルも残高があるという。このCDSについて勉強した。正直言って私は自分が何を学んでいるのかと自問を続けた。考えられないほどの巨額のドルが、バーチャルでなく、リアルな数字で、しかも、保証という名の証書のスタイルで世界中を駆け回っているのである。「この世界は狂っている」。それが、私が約一年間、サブプライム惨事の勉強を続けての結論である。この〝狂った世界〟について知るために、神谷秀樹の語る言葉に心を傾倒されよ。

株価が上昇し、高配当が実現すれば、短期的には企業の「見た目」はピカピカになるから、金融投資家は投資先企業を高く売却することが可能です。だが実際には企業の体力は借金漬けで確実に落ちています。

一部の金融投資家や経営者は企業の資産を食い物にすることしか考えていません。企業を先代から受け継ぎ、次世代に引き継ぐ義務などは露ほども考えない。従業員への応分の利益配分、福祉の向上なども考慮しない。従業員は搾取されるばかりです。

また米国に倣って、日本にも〝強欲資本主義〟は根付きつつあります。

日本に根付きつつある〝強欲資本主義〟については後章で詳述する。私は強欲資本主義の行きつく先はドルの価値の下落にあると思っている。この項を終えるにあたり、投資家ジム・ロジャーズを登場させよう。「週刊ダイヤモンド」（二〇〇八年四月十九日号）から引用する。

――今回のドル安は想定内か。

むろんそうだ。それどころか、ドルの下げ相場はこれからが本番だと見ている。対円でいえば（一九九五年に記録した）一ドル七九円の更新も必至だ。

もちろん、ドル資産を持つ投資家にとってはおいしい〝持ち直し〟の時期も訪れよう。ただ、当面のトレンドはあくまで下向きだ。

――その根拠は。

ご多分に漏れず、サブプライムローン問題、すなわち（米国の）信用バブル崩壊がその

根拠だ。近年の信用バブルは米国史上最悪のものだった。膿を出し切るまで、あと五～六年はかかる。（中略）

——あなた自身、ドル資産の売却は進めているのか。

まず昨年、長年住みなれたニューヨークの自宅を売り払って、シンガポールに移住した。今も（純粋な為替投資としての）ドルは多少持っている。だが今度ドル高に進めば、全部処分する。本当だ。

——現在買い進めている通貨は？

円、スイスフラン、それになんといっても中国の人民元だ。（中略）

——ところで、円とスイスフランも買い進めているというが、その理由は？

端的にいえば、円やスイスフランのキャリートレードの終焉を見越したものだ。市場ではこれまで世界的に金利の低い両通貨で資金を借りて外貨資産を買うというキャリートレードが横行していたが、（金利差の縮小で）逆向き、すなわちドルキャリートレードになる可能性が高い。

また、混乱の時代こそスイスフランに頼るという伝統的な考え方にも私は賛成だ。

世界的に著名な投資家のジム・ロジャーズと私は同意見である。私はＵＢＳについて書いた。

ＵＢＳのサブプライムに対する異常ともいえる介入には大いなる目的があった、と書いた。それは、アメリカをサブプライムでドル安に追い込み、スイスフランの価値を上げることであったと。それはまた、「混乱の時代こそスイスフラン」であり、同時に「混乱の時代こそ、金（ゴールド）」である、という意味である。ロジャーズの先見を読者は未来への指標と定められるがよい。やがてドル崩壊の時が確実に訪れる。

アメリカ国家そのものが「サブプライム化」しつつある。この現実をしっかりと見続けて、日本人は対策を立てなければならない時が来ている。しかし、政治家も経済人も何ら対策のひとつも立てようとしない。それは、アメリカという国家そのものが「サブプライム化」している現実から眼をそらしているからにほかならない。この世界全体が狂いかけているのに、日本人は雄叫（おたけ）びひとつも上げられないのだ。

──「狂いかけた世界」はアメリカからやって来た

ビッグコミック増刊「ゴルゴ13」総集編に、「宴（うたげ）の終焉」が収録されている（二〇〇八年六月十三日発行）。

宴の終焉　さいとう・たかを、さいとう・プロ作品

マイアミの南、七七〇㎞……その美しさから〝カリブの宝石〟と呼ばれるケイマン諸島だが、今その島で、とてつもない経済スキャンダルが巻き起こっていた……

PARTⅠ　上院院内総務の不安

ワシントンDC――U・S・A――米会計検査院（GAO）

上院院内総務のホーリー・ブラウンは、米議会直属の調査機関、米会計検査院（GAO）の職員達を呼び集めた……

「全員召集って……いったい何事だ？」

「君たち一同を呼んだのは他でもない！　我が国最大のエネルギー会社シェンロンが粉飾決算しているとの、信頼出来る告発があった！」

「えっ!?　――あのシェンロンが!?」

「エネルギーの自由化の時流に乗り、電力・天然ガス販売で急成長したがデリバティブ（金融派生商品）を用いて資産運用し電力・天候まで投資の対象として扱って失敗、巨額の損失を出しているらしいのだ」（以下略）

さいとう・たかをのコミック作品は、二〇〇一年に倒産したエンロンを主題にした硬派な物

語となっている。続けて少しだけ引用する。

「しかし、ホーリーさん、シェンロンは大手のトマソン会計事務所がなんの問題もない、と太鼓判を押している会社ですが」

「その通りだ、ギャレット会計検査院長……だが、その会計事務所が、我が国の法律が及ばない金融特区のケイマン諸島に子会社を作ることを、シェンロンに教え、そこを通じての不正を看過しているようだ」

「か……会計事務所がっ⁉……」

私はサブプライムについて勉強し始めたときに、「あっ、これはもう駄目だ！」と思ったのである。なぜか？　エンロンの倒産劇の繰り返しではないのか、と直感したからである。さいとう・たかをの物語には、大統領がシェンロン、および会計事務所からブラックマネーを貰う場面が描かれている。史実にそって物語は進行している。ゴルゴ13はこの後に登場するが、私の本の中には登場しない。この物語を読むことをすすめたい。

二〇〇二年、あの9・11事件が起こってからの翌年のことを、広瀬隆は『世界金融戦争　謀略うずまくウォール街』（二〇〇二年）の中で次のように書いている。二〇〇八年の世界を連想しつつ読んでほしい。

二〇〇二年のウォール街は深刻な株価の下落に襲われた。ニューヨーク金融街を前年に見舞った世界貿易センタービル崩壊という未曽有(みぞう)の惨事の本格的な復興が軌道に乗る前に、大企業で次々と不正経理が発覚し、世界に君臨していた会計事務所の巨大な犯罪行為が露顕したからである。ウォール街を見る目は二年前とはうって変り、彼らに対する不信感が嵐のように吹き荒れている。しかし、世界経済の歩みを止めた原因は、それだけではない。ホワイトハウスの大統領と閣僚を筆頭とするアメリカ人そのものに対する嫌悪感が、イスラム社会だけでなく、世界中に蔓延(まんえん)しているからである。この感情がどこから由来しているかを、まだ誰も的確に分析していないようである。

今や、われわれが格付け会社を格付けし、監査会社を監査し、経済評論家を評論しなければならない時代を迎えた。株価の変動は混乱のきわみにあり、その変動に対するエコノミストの解析も、その後の結果を見ると支離滅裂である。予言・予告・予測を謳(うた)う書物がよく売れ、分りやすい経済学の書物が氾濫(はんらん)している。それらを手に取ると、話は非常に分りやすいのだが、さっぱり当たっていないのではないか。なぜそれが当たらないのであろうか。

二〇〇八年の秋、私はこの本を執筆している。広瀬隆のこの文章を原稿用紙に写しつつ、同じ意見である自分を発見する。広瀬隆は続けて、「この世の重要で複雑な歴史的事実をほとんど省略しているので、本質が抜け落ちた用語解析になっている」と書いている。

私はサブプライム関係の用語解説をほとんどしなかった。その一点においては不備である。サブプライム関係の本の大半は用語解説となっている。それゆえの私の故意なる不備である。広瀬隆はまた続けて、「そこには、個人の犯罪行為とそれを許す巨大なメカニズムについて、まったく説明がない。金融や経済は、人間の欲望と利権が複雑にからんで初めて動くものである。それを深く追及せずに、メディアがかいつまんで紹介する現象で説明するほど、経済は分りやすいものではない」と書いている。

私はサブプライムを通して、「人間の欲望と利権が複雑にからんだ」巨大なメカニズムを追求しているのである。

9・11事件の後、世界は狂いだしたのである。アメリカは政治力を軍事力に変えた。9・11事件の後も株価は暴落を続けた。しかし、不思議な、否、不可解ともいうべき出来事が起こった。過剰マネーの流通である。あのサブプライム取引(ビジネス)に流れた過剰マネーはどこに隠されていたのかという問題である。この問いに答えようともせずに、突然にサブプライム危機が発生したように新聞は書き、テレビは映像を流し、多くの経済評論家たちは、一方的に「ドルの暴落だ！」と絶叫する。

この「狂いかけた世界」はアメリカからやって来た。二〇〇〇年にバブルが崩壊したアメリカは極度の景気後退期に入ると思われた。私は幾度も書いたが、グリーンスパンのFRBは大胆な利下げを行い、大量のドルを印刷した。アメリカ政府はそのドルを遣いつくし、赤字を増やしていった。

ピーター・ハーチャーの『検証グリーンスパン神話』（二〇〇六年）にその時代の様相が書かれている。引用文中、ボルカーとは元FRB議長であり、バーナンキは現在のFRB議長である。

いずれもリセッションに対する教科書通りの対応で、実際、効果を上げた。アメリカ人は低金利を利用して、借りたお金で生活を楽しんだ。ブームに乗って不動産を買い、住宅市場にバブルが生まれた。家を持っている人々は自分たちの家の価値がどんどん上がるのを見て、より豊かになった気分になり、貯金をとりくずした。米国の個人貯蓄率は過去最低の水準になった。それと同時に、連邦政府の黒字は莫大な赤字に変わった。この赤字は戦費と減税プログラムによってさらに悪化した。

米国は経常収支赤字を増やして、リセッションから回復した。ボルカーはこれが結局は危機をもたらすと予見した。グリーンスパンとバーナンキも経常収支赤字に関して講演をしているが、ボルカーが危機と捉えているものについては、もっと害のない段階的再調整の結果だとみなしている。バーナンキはそれをFRBが心配すべき問題だとは見ていない。「経常収支はいずれ縮小しなければならない」が、FRBは雇用とインフレを注視すべきであって、「経常収支の問題を治療するよりも他にしなければならないことがある」と言った。つまり、経常収支赤字は自分の問題ではないと断言したのだ。

私が「狂いかけた世界」というのは難解なことを言っているのではない。巨大国家アメリカの借金が一日一日、減ることがなく増え続けているからこそ、アメリカは「狂いかけた国家」、否、「狂ってしまった国家」なのである。それゆえに、今、世界は確実に狂いかけている、と言えるのである。

浜田和幸の『通貨バトルロワイヤル』(二〇〇三年)を読むと、すでに、住宅バブルが始まったころに、そのバブルがはじけているのが分かるのである。このアメリカが狂っている。

二〇〇二年九月十日付けの「USAトゥデイ」紙の記事によれば、「住宅ローンの支払いが滞り、今年に入り、四、五、六の三カ月で六四万件の差し押さえが発生している。過去三〇年で最悪の事態である」

アメリカ経済が底固いというのは大いなる幻想ではないのか。失業者の増大とローンの未回収金の急増で、いくつかの銀行は経営が圧迫されるようになっている。不良債権の額も倍増している。

サブプライムローンによる住宅建設が急増するのは二〇〇三年から〇六年にかけてである。そのバブル発生の前に、すでに二〇〇二年の四月、五月、六月の三カ月だけで六四万件の差し押さえが発生していたのである。このような状況下で、グリーンスパンのFRBは金利を下げて、大量のドルを住宅関係の業者にばら撒いていたのである。アメリカは狂気の人々が住む国家ではないのか。

「SAPIO」(二〇〇八年三月二十六日号)に掲載されたデヴィッド・グールビッチ(元SEC=証券取引委員会=の委員)の「『計画的な金融危機』サブプライム問題にジャパンマネーはこれ以上深入りするな」から引用する。

私はこれから述べるいくつかの理由によって、サブプライム問題の正体が、「計画的な金融危機」であると断言する。

現在、私は元ＳＥＣメンバーの肩書を持つ弁護士として、サブプライム問題で致命的な被害に遭った個人投資家の財産を取り戻すため、ゴールドマン・サックスやリーマン・ブラザーズといった金融危機の主役たちと集団訴訟も視野に入れた返金交渉をしている。依頼人たちの損失は、どのような金融商品を購入したのかによって分類され、いくつかは返金までこぎつけたが、多くの交渉は停滞したままだ。

とはいえ、昨年からＳＥＣが、メリルリンチ、ＵＢＳ、ベア・スターンズなどが関わった取引のうち三十六件の調査に乗り出し、今年一月三十日には、ＦＢＩがゴールドマン・サックスやモルガン・スタンレーなど十四社に対し、詐欺やインサイダー取引の疑いで捜査を開始したことによって風向きが変わってきた。「本来、あるべき財産」を取り戻すための戦いが、全米各地で始まったのである。

この記事を読んで、読者は妙な気分にならないであろうか。新聞紙上で「大損失」を出したとメリルリンチやＵＢＳやモルガン・スタンレーが書きたてられている。その投資銀行がアメリカで詐欺やインサイダー取引の疑いでＦＢＩの捜査下にあるというのである。

私が書いてきたのは、この商業銀行や投資銀行の面々（「金融マフィア」と今後は書く）は、詐欺やインサイダー取引をしていたということである。これを私は「八百長」と書き、この八百長のシステムを「ネズミ講」と書いてきたのである。続けて読んでみよう。

調査に先駆けて勢いをつけたのは、昨年〔二〇〇七年〕十月に立て続けに起こされた訴訟だった。米携帯電話会社のメトロPCSコミュニケーションズがダラスでメリルリンチを、建築設計会社のユニシステムズがマンハッタンでステート・ストリートを、それぞれ証券投資をめぐる詐欺容疑で訴えたのである。この二つの案件に共通するのは、「極度にリスクの高い金融商品を投資対象に組み込んでいるにもかかわらず、両社が、それらの金融商品があたかも低リスクであるかのように説明していた」という主張である。

グールビッチは「アメリカの二大格付機関であるムーディーズ・インベスターズ・サービス、スタンダード&プアーズ（S&P）は、サブプライム関連証券に、〝トリプルA〟を乱発してきた」とも書いている。私が八百長と書いた点である。彼はゴールドマン・サックスの偽瞞性にも触れている。引用する。

今回のサブプライム禍のなかで、例外的に増益を勝ち取ったゴールドマン・サックスは、この点でまさしく「不誠実」だったと批判されている。彼らは、住宅バブル崩壊を予見する自社の内部レポートを元に、CMO（モーゲージ担保証券）暴落のタイミングを察知して、着々とCMOの空売りを進めながら、その一方で投資家にはCMOを平然と売りつけていた。この問題は、昨年末からニューヨーク・タイムズ紙などで大きく取り上げられ、昨年六月までゴールドマン・サックス社のCEO（会長兼最高経営責任者）を務めていたポールソン財務長官を米議会で追及する動きにまで発展している。

イラク戦争に狂奔するブッシュ大統領、イラク戦争で悪どく商売をするチェイニー副大統領、ゴールドマン・サックスのCEO時代、サブプライム売買でゴールドマン・サックスに大儲けさせたポールソン財務長官、彼らはアメリカを金融マフィアに売りつくしたのである。グールビッチは「『計画的な金融危機』であると断言する」と書いている。私は彼の悲憤の中に「狂いかけた世界」を発見した。

●――クルーグマン笑話から想像する金融マフィアの野望

ジョン・C・ボーグルの『米国はどこで道を誤ったか』（二〇〇八年）を読んでみよう。ボーグルは、世界初のミューチュアル・ファンドの創設者である。何よりも名文家である。彼は哲学者の風貌を持っている。

昔ながらのジャンケンでは、石が鋏（はさみ）を壊し、鋏が紙を切り、紙が石を包む。今回の株式市場バブルでは、価格が価値から乖離（かいり）して、実際に紙が石を包みこんでしまった。数を合わせる「ペーパー・カンパニー」が、価値をつくる「ロック・カンパニー」を買収するようになり、目を覆うばかりの結果がもたらされた。たとえば、AOLとタイム・ワーナーの合併はどうなっただろう。クエストとUSウェストの、ワールドコムとMCIの、ビベンディとシーグラムの合併はどうなったか。どの組み合わせも、前者は実態のない金融手法に支えられたペーパー・カンパニーであり、後者は実質的な事業基盤に支えられたロック・カンパニーだ。どの合併も悲劇的な結末に終わった。最終的に、長年勤めた数十万人の忠実な社員が職を失い、退職年金が無残に減少した。

いま流行中のM&A（企業合併・買収）に対するボーグルの警世の言である。ボーグルは、このM&Aに「株式会社アメリカはなぜ道を誤ったか」の問いを発し、その問いをもって答えとしている。株式会社アメリカについての名文がある。

株式会社アメリカの株式の五二%を握る「上位一〇〇社」は、投資社会アメリカのキングコングだ。いってみればエンパイア・ステートビルの頂上に立ち、拳を振りまわしている。国中の企業を意のままに従わせるだけの議決権を手に、株式会社アメリカを絶対的に支配している。体重四〇〇キロ級のゴリラといってもいい。その圧倒的な重量と潜在力をもってすれば、国中の取締役会という取締会で席を求め、いつでも、どこへでも、なんどでも、腰をかけられる。米国の株式所有の集中化がもたらす社会的な影響は、エリート主義とも反民主主義ともいえるし、威嚇的とも脅威ともいえるだろう。

ボーグルが書いているように、アメリカは株式所有の集中化がもたらす社会的な影響によって大きく変わった。私はこの株式所有の集中化が八百長資本主義を創り出したと考えるようになった。ポール・クルーグマンについてはすでに幾度も紹介した。彼の『嘘つき大統領のデタラメ経済』(二〇〇四年)から引用する。二〇〇二年二月一日に「ニューヨーク・タイムズ」のコラムに書いたものである。

収益を底上げする目的は、もちろん、株価を上げることである。しかし、なぜ企業はそうしたいのだろうか。

ひとつの答えは、高い株価は企業の成長に貢献するからである。資金調達が容易となり、他の企業の買収が簡単になり、人材を集めやすくなる。経営者が株価を膨らませるのは、企業を成長させたいという純粋な願いからだというのは疑いもないことである。とはいえ、企業が倒産したというのに、そのトップが金持ちになって去っていくのを見ると、経営者へのインセンティブとはいったい何であるか考えさせられる（実際、エンロンよりもひどいケースがある。グローバル・クロシングの創設者は、会社が倒産したというのに七億五〇〇〇万ドルを持ち去っている）。現代の経営者たちは、高い株価で会社のために何ができるのかよりも、高い株価で個人の財布に何ができるのかを気にしている。

それに高い株価は、企業が実体のない利益をつくり出すための会計トリックとして利用できる。そしてそのことがまた株価を吊り上げることになる。これこそまさに一種のねずみ講的な仕組みだといえるのではないか。

私はクルーグマンのこの文章に接し、私と同じように彼もまた〝株式会社アメリカ〟を洞察しているのを知った。あのサブプライム惨事は株式会社の利益を上げるために、株価を吊り上げるために、ネズミ講にまんまと騙されたがゆえに発生した、と私は幾度も書いた。「紙で石を包む」ようにペーパー・カンパニーがロック・カンパニーを買収するM&Aも、私たちは

「ああそうか」とだけ思っているけれども、真実は、この世にあってはならない八百長資本主義の終末的な現象なのである。ペーパー・カンパニーが大量のドルを借り受けて、電機とか鉄工とか食品会社を買収する。そして、ボーグルが書いているように「どの合併も悲劇的な結末に終わった。最終的に、長年勤めた数十万人の忠実な社員が職を失い、退職金が無残に減少した」という悲劇があふれるこの世となった。

二十一世紀に入り、サブプライム惨事は起こるべくして起こったのである。株価を吊り上げて利益を上げようとする企業に、ロンドン発のネズミ講は巧妙な罠を仕掛けたのである。そして、このネズミ講に加わった金融マフィアたちは自分たちの会社の株式価格を故意に下落させて、クルーグマンが書いているのを逆に表現するならば、「それに低い株価は、企業（金融マフィアのこと）が実体のない損失をつくり出すための会計トリックとして利用できる。そしてそのことがまた株価を下げることになる。これこそまさに、見破られることのない、見事とし か表現できないねずみ講的な仕組みだといえるのではないか」

読者は私の書いている〝逆もまた真なり〟を理解できたであろうか。

二十一世紀を一言で表現するならば「嘘つき金融マフィアのデタラメ経済の時代」である。クルーグマンはとても面白いことを書いている（一九九八年九月二十八日付の「ニューヨーク・タイムズ」のコラム）。

ここだけの話だが、私は素晴らしい儲け話を思いついた。まず、私の友人である億万長者の投機家にマイクロソフト株に対して密かにカラ売りを仕掛けてもらう。それからビル・ゲイツが、ハーレ・クリシュナとかその類の新興宗教に傾倒したという噂を広める。するとマイクロソフト株は売り浴びせられ、ドッカーン！　我々は何億ドルも儲けるというわけである。

オーケー、分かった。まあ考えてみれば、これはそれほど素晴らしい計画ではないのかもしれない。第一に私には億万長者の友人などいない。それにもしいたとしても、そこには少々問題が生じる。私はその金儲けのせいで証券取引委員会（ＳＥＣ）と「ヤバい」話をしなければならない羽目に陥り、その挙げ句に、丁寧ながらも強硬な「御招待」によって、私の人生の数年間を刑務所で過ごすという憂き目を見ることになるからだ。

私は近い将来のノーベル経済学賞候補といわれていたクルーグマンのこの一種の笑い話を読んで、「ああ、そうなんだ！」と改めて思ったのである。彼は間違いなくノーベル経済学賞を受賞するであろうと確信した。そして案の定、クルーグマンは二〇〇八年度のノーベル経済学賞を受賞したのである。その理由を書き、一種の創作劇をつくる。それは次項で私はシリアスな黙示録を読者に提供するためにも、笑い話を書いておこうと思うからである。

では、なさそうで、しかもありそうな話をする。アメージング・ストーリーの異次元の世界へようこそ。

＊＊＊

私は巨大複合金融機関のリーダーとなった。人はこの組織を〝金融マフィア〟と呼んでいる。しかし、この組織は決して世界秘密結社ではない。ましてやイルミナティとか、フリーメイソンなどという組織でもない。私はあくまでも金融をもって世界を支配しようという組織の一員であり、たまたま（私はそう言っているのだが）、リーダーとなったにすぎない。私の前任のリーダーたちは二十世紀の末までに、世界を支配すべく働いた。その仕事の中心は、金を独占することであった。アメリカに金本位制を廃止させ、世界中の中央銀行の金塊をほぼ手に入れた。しかし、私は金をもって世界を支配するためには時期尚早と思っていた。私はグループの全員により、このグループの盟主に推された。

私はその時、そう、二十世紀の終わりに近いある年のある月のある日であったが、次のように語った。

「諸君、二〇〇〇年一月に諸君とここでもう一度会う。その時に一人一人、世界を支配するための新しいプランを提出してもらいたい。それは具体的なデザインでなければならない。一つだけ私のほうから注文を出したい。アメリカの弱体化である。そのための方法をまず考えてほしい。それともう一つ大事なことをお願いしたい。私は長期の目標を考えてはいない。諸君、十年間で、遅くとも十二年間で私たちが世界を支配する。その時、私たちは経済のみならず、政治の面でも支配者とならなければならない……」

私は二〇〇〇年の一月に、組織のメンバーたち全員と会った。いろんな計画案が出た。私たちは二〇〇一年にニューヨークで一大事件が起こったほうがいいとの結論に達した。また、ブッシュを大統領に祭り上げるための特殊組織を作ることにした。これは後にうまくいくことになった。

会合が終わりかけたとき、アメリカの若いメンバー、名前もよく知らなかった男が突然、こう言ったんだ。「盟主、面白い文章があります。ここで読んでみます」

私は彼が読み上げる文章に注目した。それがクルーグマンのマイクロソフト買収計画だった。私が笑いだすと全員も笑った。それで私はその男にこう言ったのだ。

「君、その話は面白い。しかし、君は面白いだけで喋ったのではないだろうね。一つ、君の考えを言いたまえ」

その男は真剣な顔になり、次のように語りだしたのだ。

「盟主、私が何を考えているのかをここに語りたいと思います。クルーグマンの説を応用したいと思います。私はアメリカを舞台にし、要するに、マイクロソフトをアメリカに見立てるのです。マイクロソフトに空売りをかけるのは私たちにとってはいたって簡単です。では、アメリカという国家を空売りで買収する方法はないのでしょうか。そこで私は考えたのです。クルーグマンが『ハーレ・クリシュナとかその類の新興宗教に傾倒したという噂を広める』と書いていています。アメリカで新興宗教を広めればいいのです。ブッシュという嘘つき野郎を焚きつけるのです。アメリカンドリームという新興宗教を広めさせましょう。

ブッシュ野郎にメキシコやプエルトルコからの移民を増やさせましょう。そこで、貧しい人々もアメリカでは家が建てられる、という風潮を作り上げるのです。ハーレ・クリシュナはいけません。キリスト教の牧師たちにこの役を当てましょう。アメリカ中にビッグ・チャーチをつくるべく資金を提供しましょう……」

そこで私は彼の演説をさえぎった。そして質問した。「そこでだ、君は結論を言うべき時が来たと思わないかね」

「そうです。結論はこうです。プライムローンを組めないためにマイホームを持てない貧しい連中に、サブプライムローンでもマイホームを持てるように、アメリカを大改造するのです。そのサブプライムローンを組み込んだ証券を大量に作ります。盟主、これらの証券の中にサブプライムというペスト菌を入れておくのです。そして、時を見て、ペスト菌の存在を知らせるのです。これでアメリカそのものを買収できます。盟主、そしてみなさんの手元に、私の計画書がいきます。お読みになって下さい」

もう、誰も笑い声を上げなかった。

長い時間が流れたようであった。私は全員に声をかけた。

「諸君、私はこれを『ネズミ講作戦』と名付けようと思う。ペスト菌を証券の中に入れることに関しては絶対に秘密にしておいてくれ。この件を洩らす者は、組織の名において極刑に処せられる。諸君は、帰国後はこの計画書にのっとり行動せよ。私はグリーンスパンと次期副大統領となるチェイニーを明日呼び出し、この計画の説明をする。クリントン時代の黒字財政を赤字にせよと迫る。グリーンスパンは応じる。裏切れば組織の掟(おきて)が彼を死へと導く。チェイニーはすでに私たちの一員であるから心配はない。

さて、諸君、クルーグマンが心配していたSECも問題ではない。私たちはアメリカの法の上にいる。この計画を立案した君に一言いいたい。この計画を進行する君の投資銀行だけは、空売りで大儲けすることを認める。心配することはない。刑務所ですごす者は、このメンバーの中に一人としていないと私は約束する。

では諸君、君たちに私から質問することにしよう。アメリカでこの計画を中心になって進める銀行があるかね。そして、ヨーロッパではどうかね」

　ここでシティグループとＵＢＳが名乗りを上げた。

「諸君、二〇〇一年の第二回の会合ではもっと具体的に話が進められると思う。まずは、この計画書に従い、それぞれの体制を強化されんことを」

＊＊＊

　ここで永々と続く金融マフィアの首領(ドン)の話を打ち切ることにしよう。私は間違いなく、これに近い内容の会合が、少なくとも一年に一回は首領を中心にして開かれていると思っている。それでは、この金融マフィアのドンとは誰なのか？　私はあれこれ推察するけれども断言できない。それで名前は書かない。ロスチャイルド？　ロックフェラー？　ロックフェラーは小物の中の小物だ。ロスチャイルドでもないと思う。私が今考えているのは、ヨーロッパの貴族の中の一人である。

　次項で私は二〇〇八年秋以降の世界を描く。そして、二〇〇八年冬以降、二〇〇九年の春ごろまでの近未来を予測する。私は予測はしてみる。しかし、私の予測が当たらないことを切に祈るのである。なぜか？　私はこの世界が確実にカタストロフィ（破局）に向かっているように思えてならないからである。

●——かくてカタストロフィ（大破局）が来襲する

サブプライム惨事での不良債権はどれぐらいあるのだろうか。サブプライム問題が表面化した二〇〇七年に、その不良債権を予測した三國陽夫（みくにあきお）が、「エコノミスト」（二〇〇七年七月三十一日号）に「三兆ドル（三六〇兆円）説」を立てて説明している。

日本のバブルの場合、都市銀行の国内店ベースの貸出残高は八〇年代前半までの長い間、GDPの三〇％前後でしたが、一九八九年には五〇％近くに達しました。GDP比で二〇％増えたのですが、その余剰な部分は経済活動で支えることは難しいと理解できます。当時のGDPは四〇〇兆円程度。つまり八〇兆円前後が不良債権になりうると推計していました。結果として、日本の不良債権はほぼそれくらいだったと思います。同じ見方を米国にあてはめると、三兆ドル（三六〇兆円）くらいが不良債権ということになります。

二〇〇七年以来、サブプライムによる不良債権の総額をめぐって、いろいろな説が流布（るふ）されてきた。しかし、一兆ドルを超えるという説は二〇〇八年に入ってからもなかった。この三國陽夫説は結果としては正しいといえる。否、正直に書くならば、三兆ドルを超えているというのが正しい。不良債権はこまかく切りきざまれて証券化されているからである。

ＳＩＶを作った銀行や投資会社は、不良化した証券を抱えることになり、自己資本を毀損（きそん）した。しかし、その過程で総資産は急拡大した。この点については幾度も書いた。銀行は自己資本比率が低下したために、表向きではあるが、資本収縮（バンク・キャピタル・クランチ）に陥った。これは銀行だけの問題ではなくなった。銀行は新規融資の抑制や既存の貸出の圧縮に入った。サブプライムが問題にされてから一年後、二〇〇八年はまさしくアメリカが景気後退に突入する年となった。

私はグリーンスパンの金融政策について論じたが、彼の大罪の一つに、ドルの大量印刷、その垂れ流しを挙げた。過剰流動性というものである。アメリカは二〇〇〇年に入るころから、正確に表現するならば、ＩＴバブル崩壊後から、グリーンスパンのＦＲＢが急速に金融緩和策をとったのである。

アメリカに外国資本が流入しだした。アメリカは低金利政策から高金利政策にシフトすると、外国の投資家たちは高い利回りを求めて証券化商品を大量に購入しはじめた。

私はこの間の八百長についても詳述した。では、サブプライム危機が起きた二〇〇七年八月以降、米国へ流入していた外国資本はどのようになっていったのであろうか。「エコノミスト」

（二〇〇八年二月五日号）を見ることにしよう。水野和夫が「米国自体が『サブプライム化』へ」というタイトルで論文を発表している。その一部分を記すことにする。

サブプライムローンでは、借り入れ後三年目から金利負担が大幅に上がる商品性により、信用力の低い借り手がその金利上昇に対応できず、破綻した。これと同じような関係が、米国と外国人投資家の間に出来上がりつつある。急場を凌がなければならないのだが、対外借り入れコストを大幅に上げることは、米国にとって経常赤字増加で最低必要限度額となる対米証券投資のハードルを自ら引き上げているようなものだ。これを続けていけば、米国自体の信用力が急速に下がる。つまり、「米国のサブプライム化」である。

この「米国のサブプライム化」とは言い得て妙の、すばらしい表現である。これこそがネズミ講を考え出した悪党たちが最初から狙っていた作戦にちがいない。アメリカは新興国に対外証券投資をすることにより利益を上げて、経常赤字の穴埋めをしていた。しかし、そのための資金にも事欠くようになった。

アメリカはアジア株を持っていたが、それを売却し、また資本を引き揚げて一時しのぎに入った。そのマネーが底をついたときから、原油が急騰を始めた。

これは何を意味するのか。アメリカが金融マフィアに届したことを意味するのである。経常赤字はいかなることがあろうとも穴埋めしなければならない。そのためにアメリカがイギリスの金融市場に屈したのである。経常赤字の不足分をイギリスから補填してもらう以外に方法がないのである。サウジアラビアを中心とするオイルマネーのオーナーたちは、ドルの下落分だけは値上げをして原油を売るという密約をイギリスの金融マフィアを通してアメリカと交わしている。もし、原油価格の上昇がない場合は、ドル建てでなく、ユーロで原油が取引されることになる。ドルは基軸通貨の地位を一気に失う。だから原油は高騰を続けている。しかし、石油の高騰には自ずから限界があると思える。ガソリンの消費量との関係である。アメリカのガソリン消費量が減ってきた。

ある価格で原油高はストップするかもしれない。しかし、ユーロ高、円高、即ちドル安は止まることはない。それはアメリカそのものが「サブプライム化」しているからである。「略奪的貸し出し」ゆえに世界の金融資産は急増した。世界の株式時価総額、債券発行残高、預金……どれを見ても異常な急増である。その規模は二〇〇六年で一五一兆ドルまでに拡大した。アメリカの「強いドル」の幻想が世界を狂わせたとしか思えないのだ。

一九九五年と二〇〇六年を比較すると、三九・六兆ドルから一五一・九兆ドルまで拡大したことになっている。しかし、これは表向きの数字である。タックス・ヘイブンに隠されたブラックマネーがどれだけあるかは誰も知りえない。ＦＲＢがドルをどれだけ印刷しているのかを正確に知る資料はない。

そして今、皮肉なことに、アメリカがドル不足で悩んでいる。

二〇〇八年七月に入ると、サブプライムの影響がはっきりとし始めた。米銀行株が軒並み急落した。シティグループ、バンク・オブ・アメリカ、ＪＰモルガン・チェースなどの株価が年初来二〇〜四〇％も下落した。これらの銀行は、三月半ばのベア・スターンズの危機以降、相次ぐ増資をしたために、一時的とはいえ株価は回復した。しかし、これらの銀行はサブプライムの損失処理が終わらない。彼らが持つＳＩＶを簿外から簿内に移さざるを得なくなったために損失が消えることはない。だが、タックス・ヘイブンに隠された利益の中から増資の金を持ち出すことは出来ない。株価が下落を続けるので新しい株主も見つからない。シティやバンク・オブ・アメリカも、資産の切り売りや配当カットで資産を捻出し始めた。

メリルリンチも同様な立場になった。巨大なブラックマネーが行方を失った状況が続いている。メリルリンチが経営破綻するのではとの噂さえ流れだした。七月二日、ポールソン財務長官が「巨大で複雑な金融機関の破綻を乗り越える解決法を確立する必要がある。一時的な混乱を抑えるため、規制当局に追加的な緊急権限を与える必要があるだろう」と訪問先のロンドンで語った。

このロンドン訪問に注目したい。ポールソンはゴールドマン・サックスの前CEOである。間違いなく彼はネズミ講を推し進めた重要メンバーである。私は、彼の指導のもとにゴールドマン・サックスがアメリカ全土でネズミ講の実質的な牽引役を演じたと思っている。またそのように書いてきた。二〇〇八年七月に入り、このネズミ講は大変な危機を迎えた。大手投資銀行のメリルリンチが破綻の危機を迎えたのである。ベア・スターンズと同様の処置が取られそうな空気があった。FRBによる大量のドルの印刷、そして貸与（公的資金の注入）である。メリルリンチは、大量のガセネタを製造し販売する役割を課せられたゆえに倒産しかけたのである。そして二〇〇八年九月十五日、バンク・オブ・アメリカに吸収合併された。

ここで、もう一歩進んで考えないといけない。それは、バンク・オブ・アメリカはメリルリンチを買収したことで債務が六〇％も増加して二兆五〇〇〇億ドルに膨らんだことである。この大銀行も倒産の可能性無しとはいえない。バンク・オブ・アメリカはカトリックの銀行である。八百長恐慌を演出した組織とカトリックがどこかで結ばれて、メリルリンチをバンク・オブ・アメリカに結びつけたのだと私はみている。

アメリカという国の中で、次々と新種の金融技術を開発してはリスクを創り出してきたのは、投資銀行であった。これらの投資銀行を中心に、デリバティブ（金融派生商品）が発明された。外国為替や金利など金融商品の価格変動リスクを回避して、高利回りなど有利な条件を確保するために開発されたとなっている。このために金融工学なるものが生まれてきた。金融工学とは、本来、金を貸してはいけない人々に金を貸す、騙しのテクニックである。

ここで詳細は書かないが、金融工学はイカサマに近いと私は思っている。未来において人間がなすべきことを数字で予想するなど、ほとんど不可能である。金融工学は、ロシア国債の破綻も、ITバブルの崩壊も、今度のサブプライム惨事も予測しえなかった。デリバティブはリスクを内包したままに膨れ上がった。国際決済銀行（BIS）によると、二〇〇七年末時点での市場規模（想定元本ベース）は、五九六兆ドルである。十年間で七倍以上になった。デリバティブは今や〝大量破壊兵器〟と化している。

サブプライムローン関連商品を扱った資産運用会社はSIVである。私はこのSIVについて幾度も書いてきた。このSIVは「リアルな銀行がつくったバーチャルな銀行」である。私はこの「バーチャルな銀行」を幽霊会社とも書いてきた。このバーチャルな銀行が数十兆ドルの証券を発行している可能性があるのだ。その正確な数字を調べてみたがはっきりしない。サブプライム惨事で巨額の損失を出した銀行はこのバーチャル銀行を連結対象に入れていない。損失を出した相手方に補償するという形で一部連結対象にしているだけである。

ここに、私が書いてきた〝八百長恐慌〟の本当の姿が見えてくる。

SIVの解体こそ、簿外の経理の禁止こそがサブプライム惨事を防ぐ最善の方法であり、このＳＩＶによる犯罪を追及する以外にサブプライムの最終処理はなされないはずである。ポールソン財務長官は七月二日、ロンドンで、巨大複合金融機関のボスたちとの会見の後で、ＳＩＶには一言も触れず、「……規制当局に追加的な緊急権限を与える必要があるだろう」と語ったのである。

サブプライムから派生したデリバティブという名の大量破壊兵器が全人類に襲いかかっている。「五九六兆ドル＝約六京円」という市場が地球上に誕生したのである。そして今日もこの巨大なマネーは増殖を続けている。しかし、アメリカはドル不足に悩んでいる。アメリカは密かに保有するアジア株さえも売り尽くした。ポールソンはロンドンを訪れて、ドルのアメリカへの還流を依頼したのである。

サブプライムというネズミ講は姿を変えつつある。それは今やペスト菌となり、人々の心の病と化し、人類の滅亡へのカウントダウンを明示しつつある。

次章で私はカウントダウン・イン・ザ・ワールドの未来、そして金融マフィアに翻弄（ほんろう）される日本の未来を描くことにする。

［第五章］

日本に襲いかかる八百長恐慌

破滅的な危機を知らされない日本人

「週刊エコノミスト」（二〇〇八年五月二十六日臨時増刊号）は「米国経済白書二〇〇八」である。その中で竹森俊平が「誰が、この金融危機を起こしたのか」を書いている。

今後は、金融危機の頻度は低くなる。通貨危機後にアジア新興国が慎重になったように、今度は世界全体がバブルを恐れ、慎重になり、短期貸し出しを抑制する。その代わり、世界経済の成長率も、世界の株価も、当分の間、低迷する。しばらく経てば、金融危機の記憶が薄れ、低成長・低株価を嫌って、金融機関の内部統制も、政府の規制もなし崩しになり、短期貸し出しが膨張し、金融危機が再発する。歴史はその繰り返しだ。

「歴史はその繰り返しだ」に注目したい。私は、「歴史は繰り返すことはない」と思っている。一つひとつのバブルにはそれぞれ固有の性格があり、特に、このサブプライム惨事は二度と起こりえないものであると思っている。竹森俊平はこうも書いている。「欧米の金融機関が一〇〇兆円規模の損失を被る過程で、短期貸し出しは途絶え、米国が今後も過剰資金のリサイクリング役や、不況圧力のアブソーバー役を果たせるか不確かになろう」

私は〝不確か〟どころか確実に、そんな役を果たせない、と書き続けてきた。アメリカの現状を見ることにしよう。アメリカは「歴史はその繰り返しだ」と書いた竹森俊平には申し訳ないけれども、「決して繰り返しようのない歴史の中に埋没した」のである。アメリカは今までのアメリカでは決してありえない国家へと、確実に変わっていくのである。

二〇〇八年七月二日、ロンドンでポールソン財務長官が投資銀行救済ともとれる講演をした、と私は書いた。私はメリルリンチに的を絞っていた。だが、私の思惑はおもわくはずれた。投資銀行の破綻どころではない大問題がアメリカに発生しつつあったのである。二〇〇八年七月十二日付の日経新聞の記事を引用する。

住宅金融を手掛ける米政府支援機関（GSE）の財務体質を不安視する動きが拡大している。問題視されているのは連邦住宅抵当公社（ファニーメイ）と連邦住宅貸付抵当公社（フレディマック）の二社。信用力の低い個人向け住宅融資（サブプライムローン）問題を受けた業績悪化で国有化の議論も出始めている。二社が発行する債券は海外の買い手も多く、信用不安が広がれば「ドルの信認」が揺らぎかねず、米金融市場の新たな火種として浮上してきた。

このニュースが流れるようになったのは、七月十日の米株式市場で、ファニーメイ株が一四%、フレディマック株が二二%と、それぞれ急落したからである。昨年比で、下落率はともに七割前後に達している。〇七年十－十二月以降の三カ月だけで最終損失の合計額は八三億ドル超に達している。この二つの公社は明らかにサブプライムの影響を受けている。

ファニーメイとフレディマックの二社は民間企業である。しかし、米政府が国民の住宅保有を促進する目的で設立したという歴史があるので「半官半民」的な存在となっている。

この二社は住宅ローンを民間業者から買い取り、住宅ローン担保証券（ＲＭＢＳ）に仕立て直して市場で売却していた。主としてプライムローンを扱っていた。このローンの占有率（シェア）では政府系が全体の八割ともいわれていた。全ての住宅ローン担保証券でも五割近くを発行していた。私はこの二公社について書こうと資料を集めていた。ちょうどその時に、この二公社の経営危機がニュースに流れることになった。この二公社に危機がやがて訪れて、アメリカが確実に、二度と繰り返すことのない歴史を持つことになるだろうと予測していたのである。

私がどうしてこの二公社に注目し続けていたのかを書かなければならない。サブプライム問題はこの二公社から発生したともいえるからである。公社とはいえ、一応株式会社である。このサブプライム問題には大きなカラクリが最初からあった。ＢＩＳ規制といわれるものがある。

自己資本比率規制である。金融機関は八％の自己資本を確保しなければならないという規制である。一億円を貸し出す場合には八〇〇万円の自己資本が要るということになる。しかし、この規制には〝抜け道〟が用意されていた。

すなわち、私が書いてきたＳＩＶなどの簿外の特別目的会社の設立である。ローン等を証券化する。これらの証券等を売却する際に貸借対照表から故意にはずす。この売却に関する利益が隠されていく。俗に「オフバランス」といわれているものである。

このカラクリを大々的に採用したのが、なんとファニーメイとフレディマック、そして政府系のジニーメイ（米連邦政府抵当金庫）であった。アメリカ政府は住宅産業を育てるという目的で住宅ローン政策を採用した。ファニーメイは一九三八年、大恐慌の後の経済立て直しのために設立された。一九六八年に民営化。フレディマックは一九七〇年に設立。この二社がアメリカの住宅金融を大きくリードした。この二社は銀行ではない。債券を発行して資金を集めた。その金で銀行から住宅ローンを買って運用してきた。

アメリカに、あれほどの豪華な家がたくさん建てられたのは、住宅ローンを提供するシステムが完成していたからである。しかし、ここにアメリカの悲劇が誕生することになった。当初は住宅ローンから始まった証券化が、自動車、リース産業……と拡大していったからである。住宅ローンも当初は厳しい貸し出し基準があった。ファニーメイとフレディマックは住宅ローン担保証券を担保として新しい証券、ＣＤＯ（債務担保証券）なるものを発行した。「証券の証券化」と考えると分かりやすい。証券がさらに複雑化したのである。

この証券に注目したのが、私が〝金融マフィア〟と呼ぶ巨大複合金融機関（ＬＣＦＩ）たちであった。彼らはサブプライムというローンに的を絞った。プライムローンを組めない低所得者たちに家を提供しようとするものであった。この当初から最大の問題点が存在していた。「もし、証券化されたローン資産の元利返済が延滞した場合に誰が保証するのか」ということであった。

ネズミ講を創り出し、世界中に不良証券を売りまくった悪党たちは、当初から、不良資産の回収、すなわち、投資家たちに元本を保証する気などまるでなかったのである。私が八百長であるとする最大の根拠がここにある。

延滞ローンが生じた場合、不良債権化した場合は、担保処理がなされ、その処理により一部であれ回収されて債権を持つ投資家たちに渡されるのが本来の姿ではないのか。この疑問点をついた経済学者もいない。ただ、巨大銀行や投資会社が損失を出したというニュースを鵜呑みにして伝えるだけである。だから、ファニーメイとフレディマックの持つ重大性も当然見えてこない。

二〇〇八年七月二日付の日経新聞の一部を紹介した。あの記事には続きがある。

三月には監督官庁である連邦住宅公社監督局（ＯＦＨＥＯ）が住宅市場の下支えを狙って両社の住宅ローン買い取り枠を拡大。民間金融機関が住宅金融業務を縮小するなかでも、政府の意向を受けて両社はむしろ活動を活発化させている。

このため業績・財務の悪化に拍車がかかりかねない情勢で、十日にはプール前セントルイス連銀総裁が「両社は破綻状態にある」と発言したと報じられた。リーマン・ブラザーズは「連結範囲の拡大など会計基準が改正されれば、ファニーメイは四百六十億ドル、フレディマックは二百九十億ドルの資本不足に陥る」と指摘している。

この記事には重大なことが書かれている。

二〇〇七年にサブプライム問題が突然大きく報道され始めた。サブプライムの入った証券が不良債権化した。これらの不良債権が、一部とはいえ、ファニーメイとフレディマックに流れたのである。それだけではない。連邦住宅公社監督局というアメリカ政府直属の監督官庁がこの二公社に、住宅ローンの買い入れ、および証券の販売を活発化させたのである。私はこのサブプライム惨事を追及してきて、何よりも、その責任の所在がどこにあるのかを調べてきた。誰が貸し手で、誰が借り手で、どのような取引がなされてきたのか……。

そのようななかで、ネズミ講を創り出した連中はグリーンスパンを最大限に利用し、ブッシュとチェイニーを脅迫し、ポールソン財務長官にこのネズミ講の指揮をとらせていることを知るようになった。

ここに登場する連邦住宅公社監督局の連中も、ネズミ講にがんじがらめに押さえつけられた人々である。彼らは監督し警告を与えるかわりに、より多くの不良債権の取引をこの二公社にやらせたのである。このネズミ講を告発した政府機関は一つとして無い。だから責任の所在も明らかにされないままに一年以上が過ぎ去った。

二〇〇八年七月十三日、ネズミ講の推進係ポールソン財務長官は、財務省前で二公社の支援策を発表した。その緊急声明の骨子は次の通り。

＊資金繰り支援のため、財務省の両社への融資枠を一時的に拡大
＊業務継続に十分な資本を確保するため、必要なら財務省が両社の株式を購入
＊融資枠の拡大と株式購入において納税者は保護
＊ＦＲＢに両社の最低所要資本の検討を諮問
＊ＦＲＢはニューヨーク連銀に対し、両社への公定歩合での融資権限を付与

（「日本経済新聞」二〇〇八年七月十五日付）

サブプライムの尻ぬぐいをさせられてきたファニーメイとフレディマックの両社は、ついに倒産の危機に陥った。それは両社を住宅バブル崩壊のなかで、住宅ローンの受け皿に政府が強制的に仕立て上げたからである。両社の株価は一時一〇ドルを下回った。

両社が保証したり、保有する住宅ローン総額は、アメリカの住宅ローン総額の半分近い五兆二〇〇〇億ドル（約五二〇兆円）。日本の国内総生産（GDP）に相当する。また、両社が発行している社債は一兆六〇〇〇億ドル。これは米国債発行規模の約三割だ。

私は幾度も書いた。「アメリカはドル不足に悩む国家である」と。そのアメリカに、国家の赤字を超える規模の民間企業が存在するのである。

この大赤字を抱える両社を救う方法は一つだけある。それはドルの大量印刷である。その規模は数兆ドルでなければ意味がない。ムーディーズやS&P、フィッチなどの大手格付会社はトリプルAをこの両社の住宅ローン担保証券につけている。しかし、サブプライムローンだけでなく、両社の主力であるプライムローンも不良債権化しつつある。住宅価格が下げ止まらないのが一因である。

二〇〇八年三月、ポールソン財務長官は金融危機対策として、証券化商品にかかわる情報開示、格付機関による情報開示の強化、規制機関の充実といった手段を打ち出した。しかし、これは〝ネズミ講推進係〟ポールソンの一種のジェスチャーにすぎなかった。読者は知らなければならない。ポールソンが打ち出した手段が早めにとられていたら、サブプライム惨事はかくも大きくはならなかったはずである。すべてはネズミ講の連中に都合のいいように出来ている。

さて、話を戻すことにしよう。アメリカが数兆ドルの紙幣を印刷をして、破綻しかかっている両社を救いうるであろうか。答えはノーである。

それは、ドルの価値を下げて凋落させるからである。では、どのようにすべきなのか。

その答えは七月十日のバーナンキFRB議長の議会証言の中にある。彼は「三月に緊急措置として実施した証券会社向けの直接貸付制度を当面維持すべきだ」と語ったのである。ポールソンもバーナンキの考えに同調した。彼ら二人は規制のあり方については何ら語ることがない。規制はネズミ講にとって都合が悪いからである。一時しのぎをもって策となすのである。しかし、ベア・スターンズ救済劇のように、両社の救済はできるとは思えない。その負債が天文学的であるからだ。

バーナンキは五月十三日の講演では「最終的には市場参加者が自らレバレッジ（自己資金以上の投資）を外し、資本を増強し、リスク管理を改善する必要がある」と語っていたのだ。大きな後退をバーナンキは余儀なくされた。

私はここにきて、アメリカは救いようのない国家に成り下がったと思っている。この二つの公社を救う方法を持たないアメリカという国家の凋落ぶりを見るのである。問題は、二つの公社の資本がその負債を支えることができない一点にある。国家の負債規模のものを、どうしてこの二公社が持つに至ったかにある。いま迫っている危機は、投資家が両公社の債務の巨大さを知って、資本逃避をしていることにある。両公社はアメリカ国家のミニ版である。大赤字国家アメリカから投資家たちはその資本を逃避させている。そのアメリカがどうして両公社の債務を保証しえようか。朝日新聞（二〇〇八年七月二十日付）にサブプライム関連の記事が大きく出ている。

米金融大手一〇社の低所得者向け（サブプライム）住宅ローン関連の損失が、過去一年間で計約二〇〇〇億ドル（約二一兆二〇〇〇億円）に達する見通しになった。〇八年第2四半期決算でも損失計上が収束に向かう兆しは見えず、業績低迷は長引きそうだ。十八日までに発表された七社の〇八年第2四半期（三－五月期または四－六月期）の決算では、サブプライム関連損失は計四〇〇億ドル近くまで膨らんだ。二十一、二十二日に発表予定のバンク・オブ・アメリカとワコビアを合わせると計五〇〇億ドル規模になる見通し。
サブプライム危機が深刻化した昨夏以降、米金融機関は巨額の関連損失を相次いで計上した。大手一〇社（うちベア・スターンズは今年三月に実質破綻）では、〇八年度第1四

半期までで計約一五〇〇億ドルに及ぶ。第2四半期を合わせると二〇〇〇億ドル規模になるのはほぼ確実と見られる。（以下略）

朝日新聞だけではない。日本の新聞は毎日毎日、このような記事を載せている。読者よ、よく考えてみられよ。あなたたちは洗脳され続けている。ネズミ講の組織と結びつく報道機関がグルになって、このようなニュースを流し続けている。

私はたくさんのサブプライム関係の本を読んできた。それらの本の中で異色の本に出合った。それは苫米地英人（とまべちひでと）の『洗脳支配』という本である。以下、同書のサブプライム問題についての記述を紹介する。

直接な融資もありますが、間接的に巨大な資産が投入されています。この間接的な資金投入の経由ルートとしては、日本でも名前をサブプライムローン問題で聞くことがある連邦住宅抵当公庫（Fannie Mae）などの政府系機関があります。

たとえば、二〇〇三年十月にはシティグループは連邦住宅抵当公庫に子会社を通じて一〇〇〇億ドル、つまり、一〇兆円オーダーのサブプライム貸付枠を設定しています。このように、民間銀行からではなく、低所得者や社会的弱者を福祉的に補助する公的ローンに見えるカラクリがまず組まれています。実際は公的資金が福祉としてつぎ込まれているのではなく、民間銀行が資金をつぎ込んでいるのです。

私が書いたように、サブプライムのガラクタ証券がファニーメイとフレディマックに大量に流れている。否、これは正確な表現ではないであろう。ネズミ講組織が当初から、二つの公社を最大限に利用してきたのである。

朝日新聞が「年間損失二一兆円規模」と大見出しをつけて書き上げる記事がいかに偽りであるかを理解してほしいのである。この大手一〇社は、二つの公社を最大限に利用して、彼らが言う「年間損失二一兆円」をはるかに超える利益を上げている。ただ、それらの利益は簿外処理されているので一般には知ることができないのである。巨大金融大手が一方的に儲けていることが理解しえたであろうか。

私はここに、ウォール街そのものの消滅をみるのである。アメリカはウォール街から確実に滅びていくことになる。そのカウントダウンの時計の秒読みの段階にアメリカはすでに入ったと私は考え続けている。寒風が吹き荒れるウォール街に人影がまばらにみえる。銀行も投資会社もその姿がない。ただ、寒風が吹いているだけだ。私がここまで書いてきて、イメージした数年後のウォール街の全景である。かつて私はウォール街を歩いた経験を持つ。あの活況の姿が消えていき、空恐ろしい景色しかイメージとして浮かばない。アメリカの崩壊が一日一日、確実に進んでいる。もう二度と繁栄を取り戻せないほどの崩壊が進んでいる。

デリバティブで現出する終末的な悪夢の世界

「デリバティブ」という言葉を私は時々使ってきた。訳語としては適当なものがない。「金融派生商品」との訳もあるがピンとこない。それでもこの言葉を使った「クレジット・デリバティブ」について書いてみたい。難しく考えればきりがない。すべての証券には「リスクの高い部分」と「リスクの低い部分」があるとする。あくまでも仮定の話である。リスクの高い部分を持つ証券は売りづらい。そこで、リスクに応じて保証する。これを「信用リスクをヘッジする」という。この程度の説明で理解できるであろうか。

私の説明にたいして、プロに近い人や、この言葉（CDS）をよく理解している人は正確ではないと言うであろう。では、もう一度説明を試みる。大手金融機関は融資する。どこに？サブプライムローンにである。このローンが証券化される。いろんな証券化商品がつくられ膨張していく。これらの中で特にリスクの高い商品をヘッジファンドが購入する。リスクが高いからリスクに対して保証をする。この保証がギャンブルのような賭けの対象となる。そこで、損害が出た場合に損害を補償してもらう人と損害を補償する人に分けられる。この両社がリスク度に応じて賭け金を動かす。

このやり方でクレジット・デリバティブを使うと、発行会社が倒産すると損をする代わりに、「クレジット・デリバティブ料」がもらえる。こうした、信用リスクをヘッジしたものを「CDS」という。

「エコノミスト」(二〇〇八年四月十五日号)に、草野豊己が「『信用リスク崩壊』という未踏域」という論文を寄せている。その一部を引用する。

FRBを追い詰めているのは、危機がさらに深化すれば、もはやサブプライム問題どころではない。信用(クレジット)リスク危機に火がつく事態だからだ。それはまさに金融システムの崩壊を意味する。

信用リスクとは、融資返済や債権利払いに対する不確実性をいう。そのリスクの大きさは一般に、国債に対する上乗せ金利で示される。債権者はいったん引き受けた信用リスクを譲渡(移動)したい場合、以前は債権そのものを譲渡する必要があったが、九〇年代以降は、金融派生商品(デリバティブ)として、金融市場で取引されている。

そのデリバティブの代表格がクレジット・デフォルト・スワップ(CDS)である。従来の銀行保証をデリバティブに作り変え、支払い不履行（デフォルト）時などの損失を保証してもらう仕組みだ。その規定元本は実に四五兆ドル（四五〇〇兆円）に達する。これは世界の株式市場六〇兆ドルにも匹敵する大きさである。

草野豊己はCDSの想定元本を、後に書いた論文で「六二兆ドル」と修正している。このCDSがその想定元本で六二兆ドルに達しているという現実に、私たちは注目しなければならない。このCDSをかくも膨張させたのは、巨大複合金融機関（LCFI）が作ったSIVにより生み出されたのである。LCFIはSIVを通じてヘッジファンドに大量の資金を提供した。ヘッジファンドはSIVが用意したトリプルAの刺青（いれずみ）をした売春婦ではなく、同じく身持ちの悪い売春婦だが、BBの最低クラスの刺青女の売り出しをした。そのときに、このBBクラスの刺青売春婦に特別のリスク・ヘッジをかけた。「さあ、このねえちゃんと遊べば、おまけがつきますぜ！」という塩梅（あんばい）である。こうして、クレジット・デフォルト・スプレットがBBクラスのねえちゃんとともに膨張していった。ここまで書くと、もう賢明なる読者は理解できるだろう。「なあ〜んだ。これも八百長じゃん！」

この六二兆ドルにも達するCDSなるシロモノも全部、八百長の仕組みの一つから生まれたものである。BBの売春婦にあんちゃんが多数寄ってきたので掛け率が高くなった、と理解できれば、CDSの意味とその金額がいかに膨張したかを理解できることになる。

草野豊己の「従来の銀行保証をデリバティブに作り変え……」に注目してほしい。今や銀行は企業に融資をし、元金＋金利で商売なんぞはしていない。銀行は、利ザヤ稼ぎをするために、証券を買ったり、CDSに加わったりしているのである。金融機関はサブプライムが問題化してから、このCDSでのデフォルトで大損失を出しつつある。このCDSの損失額を発表した金融機関は一社もない。どうしてか。どれだけの損失が出ているのかさえ確実に把握できていないからである。証券ならば、入手した時の価格と手放した時の価格の差で（手放さなくともその時の時価評価で）、おおよその損失額が予測できる。しかし、CDSは複雑なシステムになってしまったのである。もし、このCDSのシステムに大きな亀裂が入ると、六二兆ドルの金が一気に消えていく可能性がある。

投資家ウォーレン・パフェットは「金融版の大量破壊兵器」と言っている。政府の規制も及ばない。だれも本当の市場価値を知りえない。ジョージ・ソロスは『ソロスは警告する』（二〇〇八年）の中で、「もしもCDSのデフォルトが起これば、そのときには自分の義務を履行できない相手が少なからず出てくるだろう。その問題が顕在化するのは、時間の問題でしかない」と述べている。

SIVなる幽霊会社をでっち上げ、ヘッジファンドに大量の資金を提供したLCFIと過剰なドルを市場にばら撒いたＦＲＢとが、バブルを煽り、デフォルト率を下げて（倒産件数を下げて）、他の金融機関や投資ファンドを安心させて、倒産リスクの引き受け手にヘッジファンドを利用し、ついに巨大なＣＤＳ市場をつくり上げたのである。

そのＣＤＳ市場の中に、ＢＢという最低クラスの売春婦を多量にまぎれ込ませて、荒稼ぎをさせた上で、その身元をバラしてしまった。かくて、デフォルト率が低下して、大儲けしていた金融機関や投資家たちは、突然にバブルがはじけ、デフォルト率が上がり始めたので、どれだけの損が出たのかと慌てふためいている。

私は、ファニーメイとフレディマックが倒産の危機にあると書いた。この二公社がたとえ倒産しなくとも、この二公社が発行したり、保有している巨額な証券の価値が毎日毎日下がっている。これらの証券を持つ銀行や投資家の資産は目減りしている。こうしたなかでＣＤＳに六二兆ドルという危機が訪れている。すべては連動しているのである。

ではもう一度、草野豊己の文章を引用する。

そもそも、証券化は金融機関にとって「儲かるビジネス」だった。ＣＤＳを組成するだけで額面の数％の利益が確保でき、さらに管理料が毎年入る。一〇年満期の五億ドルのＣＤＯで、組成時の手数料を五％、管理料を年〇・五％と仮定するなら、五〇〇〇万ドル

（組成時に二五〇〇万ドルの利益が上がり、管理料は償還まで年二五〇万ドル、一〇年で二五〇〇万ドル）を稼げることになる。

サブプライムローンの証券化は、私が言う、巨大複合金融機関によってなされたのである。その中心となったのが、英国の三大メガバンクとシティグループとUBSであった。SIVはほとんど、この巨大メガバンクによってつくられた。そして数多くの証券化がなされた。彼らはこの証券化で儲けた巨額なマネーを簿外（オフバランス）とし、タックス・ヘイブン等に隠した。CDSはそうした彼らのためになくてはならない存在であった。プレミアム（保証料）が低下することにより、多くの金融機関はリスクが回避されたので、まんまと騙されて、サブプライムローンなど信用力の低い住宅ローン、ヘッジファンドや投資ファンド、それから不動産ファンド向けのレバレッジローンなどの高リスク融資を拡大していった。そしてついに証券化されたローンを購入するに行き着いたというわけである。ネズミ講を作った金融マフィアたちは、世界中の銀行や投資家たちを巧みに誘導したのである。そしてついにクレジット・デリバティブなどの信用リスクを含む資産を原資産として証券化された債務担保証券（CDO）を大量に作成し、売ることに成功したのである。

金融マフィアの連中はネズミ講のビジネスに熱中した。証券化による高収益を上げ続けた。

CDOの組成は複雑化し続けた。メザニン1（AA格）、メザニン2（A格）、メザニン3（BBB格）と、刺青をした売春婦はふり分けられた。その女たちは、CDOの中に組み込まれ、格付けされて、シニアとかメザニンとかエクイティとか呼ばれた。どっちみち同じサブプライムローンであった。

このCDOなる証券を買う中小の銀行や企業や投資家たちは、その中身を吟味もせずに、買いまくった。英国の三大メガバンク、シティグループ、UBSなどの金融マフィアの術中にはまったのである。だが、バブルがはじけた。プレミアム（保証料）は今、八倍から一〇倍に上昇した。証券はガラクタとなった。そいつは極上の女と思っていたのに、背中にAとかBとかの刺青をした身持ちの悪い売春婦だった。それだけではない。女のヒモが登場して、「どう始末をつけてくれるんだ！」と凄んでみせているのである。

私たちはこのような終末的な悪夢の世界に住んでいる。私が書いたこのCDSとCDOのからんだ証券の世界が、私たちを暗黒の世界へと突き落としかねないのである。今、このクレジット市場がサブプライム惨事によって崩壊しかけているのである。

私はモノラインという保証会社については少ししか書かなかった。この保険会社も証券化商品に対する保証でCDSを使っている。

二〇〇八年二月、米保険最大手のアメリカン・インターナショナル・グループ（AIG）が巨額の損失を出したと新聞等で報道された。CDSが原因であった。九月十五日、リーマン・ブラザーズが倒産した。その翌日の九月十六日、アメリカ財務省はAIGに資金を注入すると発表した。AIGは四四〇〇億ドルのCDSを抱えて倒産寸前であった。AIGは今後も、多くの倒産企業のCDSを保証し続けなければならない。その業務の代行を、アメリカという国家が請け負ったということである。

これから長い年月をかけてCDSによる倒産が出てくるであろう。これからデフォルト率が確実に上昇していく。CDSを使ってリスクの逃避をした企業が、大きな損失を出していく。SIVという幽霊会社をつくり、ヘッジファンドにCDSを作らせた金融マフィアたちが、この地球上の経済を支配しつつある姿が見えてきたであろうか。ネズミ講がかくも強大な組織となりバブルがはじけて、アメリカのドルが暴落を続けている。数百万の人々が家を失っている。失業率も上昇を続けている。アメリカで起こったことが世界中に伝播(でんぱ)していくのである。

ほんの数年の間に、数十兆ドル単位の不正操作がなされたのである。CDS市場でさえ、二〇〇四年六月末に五兆ドルであったものが、〇七年六月末には六二兆ドルへと、三年間でなんと十二倍になったのである。ガセネタの証券が同じように三年間で十二倍も作られたことを示している。

このような異常な世界で私たちは生きている。やがて金融マフィアたちは間違いなく、その醜悪な姿を見せるであろう。そうして、「私たちはこの世界を支配した」と宣言するであろう。その時はいつなのか。私はその日を知りえない。しかし、近未来のことだと予想している。その時は、株式市場も為替市場も消えているであろう。だから私には、寒風が吹き、人影が消えたウォール街が見えるのである。強欲資本主義の時代が終わり、やがて、統一世界政府の時代がやってくるのかもしれない。

今なら、今なればこそ、私たちは回復しえるかもしれない。そのためにも、八百長資本主義の正体を知り、この怪物に正面から立ち向っていかなければならない。

今なら、今なればこそ……。

「サブプライム化」しつつある日本を直視せよ

朝日新聞（二〇〇八年五月三日付）から引用する。「国内金融損失一・四兆円／サブプライム影響拡大／〇八年三月期」という見出しが付いている。

米国の低所得者向け（サブプライム）住宅ローン関連で、国内の主な金融機関の〇八年三月期の損失額が約一兆四〇〇〇億円となる見通しとなった。今年に入っても証券化商品の価格は持ち直す気配がなく六大金融・銀行グループで見ると一月時点の見通しから三割増加した。

最も損失額が大きいのは、みずほフィナンシャルグループ（FG）で、五三一〇億円と一月時点に比べて一三六〇億円増えた。証券部門の拡大戦略が裏目に出て、傘下のみずほ証券は四一八六億円の当期赤字に転落し、三〇〇人の人員削減に追い込まれた。

住友信託銀行も四〇〇億円から八〇〇億円に倍増。三井住友フィナンシャルグループは、「モノライン」と呼ばれる米国の金融保証会社の関連損失を加えると一二三〇億円になる見通しだ。

農林中央金庫は損失額が一〇〇〇億円に拡大。あおぞら銀行は四五三億円のサブプライム関連損失が響き、経常損益が二二〇億円の赤字に転落する見通しだ。証券最大手の野村ホールディングスも二六〇〇億円の損失を計上して九年ぶりの赤字。信金中央金庫は九三億円を減損処理する。（以下略）

大事な事実が朝日新聞の記事の中にある。「三井住友フィナンシャルグループは、『モノライン』と呼ばれる米国の金融保証会社の関連損失を加えると一二三〇億円になる見通しだ」

三井住友フィナンシャルグループはモノラインに投資をしているのだ。このモノラインと取引があり、損失があるのは、みずほフィナンシャルグループ（FG）、野村ホールディングスらであるが、他にもあると思われる。

朝日新聞（二〇〇八年二月一日付）から引用する。

各行とも市場の混乱でサブプライムと直接関係のない証券化商品の値下がりも招いた。みずほ、三菱ＵＦＪ、三井住友ＦＧ、住友信託銀行の四行合計の損失額は〇七年十一月時点で三〇〇〇億円程度の見通しだったが、通期は六〇〇〇億円以上に膨れあがった。

追い打ちをかけたのが、米地方債や証券化商品が焦げ付いた時に損失の穴埋めを保証するモノラインと呼ばれる金融保証会社の信用不安だ。一月半ば、モノラインの格付けが引き下げられ、モノラインが保証する証券化商品の信用不安が広がり、保有する銀行の損失も拡大した。関連の損失は、みずほでは約四〇〇億円、三井住友が約一〇〇億円にのぼる。（中略）野村ホールディングスでは、国内の株式売買手数料が前年より減ったが、投資信託販売などに支えられ、増収だった。

「モノライン」の格下げなどにともない数十億円の引当金を新たに計上。他に米国の商業用不動産ローンの証券化事業で約一七〇〇億円の資産を保有しており、市況悪化で数十億円の損失が出た。

日本の大手金融機関のサブプライム関連損失

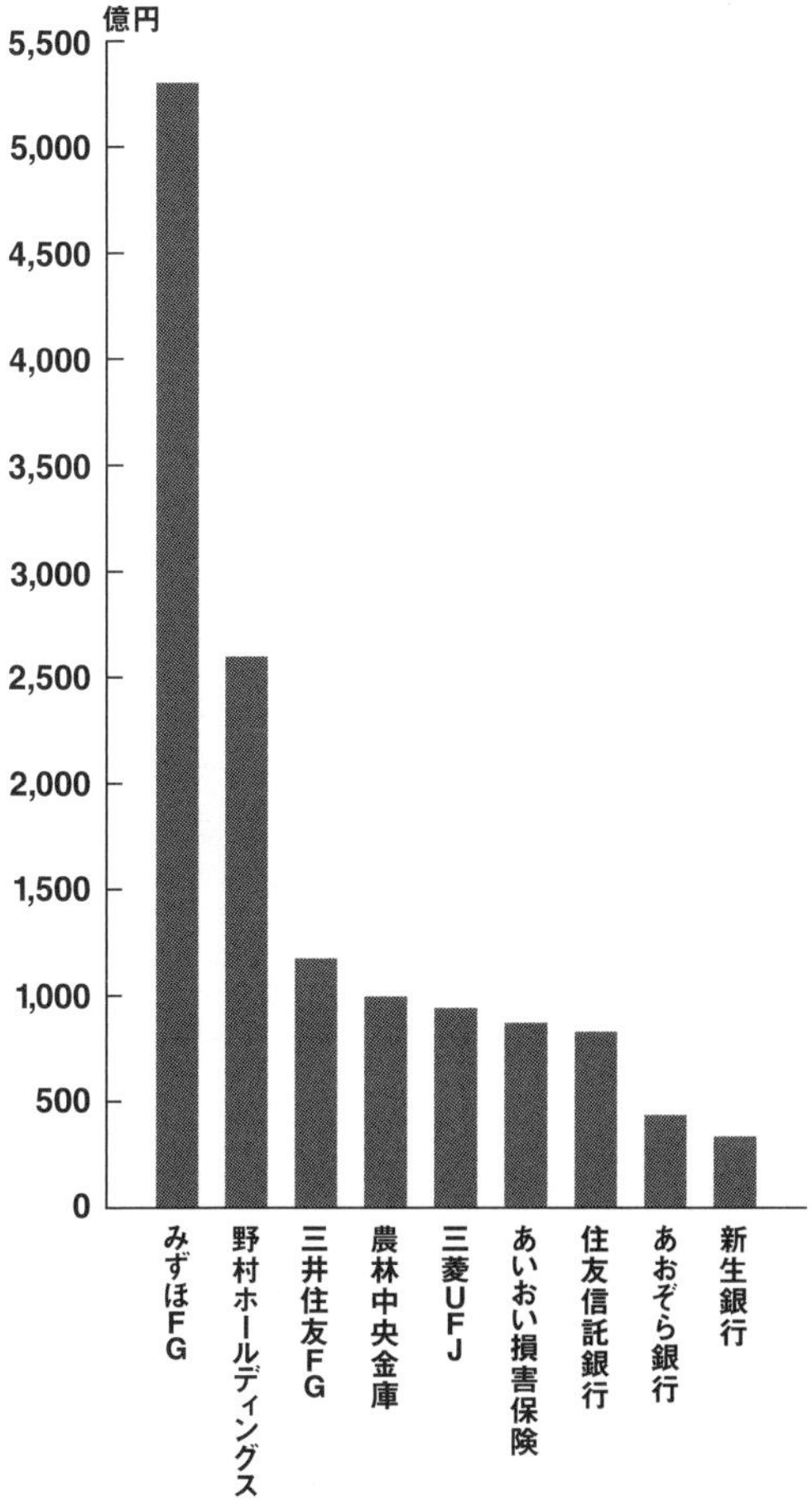

（注：2008年3月期の損失。各社発表ベースでモノライン関連損失も含み、一部は概数や予想値。朝日新聞08年5月3日付を参考に作成）

私が「モノライン」という言葉をまずは経済誌で知り、そして新聞やテレビで知ったのは二〇〇八年の一月ごろではなかったか。最初はこの言葉の意味さえ知らなかった。そうしたなかで朝日新聞のこの記事を読み、「なんとしたことか！　日本は金融マフィアにまんまとはめられた」と思った。私は二〇〇七年の七月ごろから、「サブプライム危機は八百長だ」と推測していたからである。八百長を演出するための一つの工作として、ムーディーズやS&P、フィッチの大手格付会社がトリプルAを乱発する芝居を演じ続けた。そのトリプルA（その他もあるが）を保証する機関も八百長の芝居に加わったのか、とぐらいにモノラインを考えていた。しかし、二〇〇八年に入って私の認識がいかに甘かったかを、朝日新聞の記事を読んで知ったのである。ネズミ講を成功させる重要な八百長がこのモノラインであったのだ。

モノラインとは、信用保証を保険の形で提供することを主たる業務とする保険会社である。これは、アメリカの地方自治体が発行する地方債の保証を業務としたゆえにモノという名をもつ保険会社を指す。

ネズミ講を作った連中はこのモノラインに目をつけた。いくら格付会社がトリプルAの刺青を肩にした身持ちの悪い売春婦を極上の美女としてくれても、この売春婦が逃げては商売にならない。それで保証をつけさせることにしたというわけだ。

二〇〇八年二月、ニューヨーク州のスピッツァー知事（当時）がモノラインに関する米下院公聴会の場で、「ファイナンシャル・ツナミ！」と叫んだ。「モノラインの信用不安が米国経済全体に大きな損害をもたらす」との警告を発したのである。

スピッツァーは、このモノラインの会社が八百長工作に加わっていることを知っていたのである。金融マフィアたちは驚いた。あわや、八百長工作が見破られかかったのである。彼らはスピッツァー知事にトリプルＡのついた極上の売春婦、真の美女を送り込んだ。スピッツァーはセックス・スキャンダルを暴露されて知事という地位から去ったのである。

正直に書くことにしよう。私は多くの日本の大手銀行や証券会社、生命保険会社……が、このモノライン会社の保証をしていると思っている。

モノライン大手のＭＢＩＡ（上場会社）とアムバック（上場会社）は増資をして辛うじてトリプルＡを維持したが、「格下げ方向のウォッチ」に入ったのである。この大手二社以外にもたくさんある。なかには格付が下げられた企業もある。

モノラインの格付が下がるということは、その信用度が今までより劣ることになる。それゆえ証券の価値も下がる。モノラインが保証するサブプライム関連の証券は約二二〇〇億ドル（二〇〇七年三月末現在）もある。日本の金融機関はこの二二〇〇億ドルのかなりの部分を保証していると私は睨（にら）んでいる。この証券の価値が、一日一日と急落している。日本の金融機関はトリプルAの証券のほとんどを今も後生大事に保有している。今のところ、トリプルAの刺青を持つ身持ちの悪い売春婦はまだ極上レベルの女として認められている。しかし、この売春婦も身上調書が精査されて身元がばれてきた。大手の金融機関だけでも数十兆円の損失が近未来に発生する。

こんな危険がいっぱいのモノラインの保証をするなんて、日本の金融機関の連中は狂っている。いかりや長介が生きていたら、「これゃダメだ!」と言うに違いないのである。

しかし、サブプライム関連での損害はこんなものでは収まらないのだ。モノラインは二〇〇六年末現在で、二兆一七一五億ドルの保証残高を持っている。アメリカがサブプライム化しているので、サブプライム以外の証券も値下がりしている。これから、日本の金融機関も、そのほとんどが「サブプライム化」することは間違いがない。

しかし、これでもまだ事態は済まないのだ。

私は六二兆ドルに達しているCDSの危機については具体的に書いた。このCDSとモノラインは複雑にからみ合っている。モノラインの格付が下がると証券価値が下がる。そうすると信用リスクが崩壊する。融資返済がスムーズにいかなくなる。日本の金融機関は、サブプライム惨事を超えた金融破綻の渦の中に巻き込まれている。

これだけではない。日本の金融機関がアメリカとともに「戦後最悪の危機」(グリーンスパンの発言）に確実に入っている動かぬ証拠がある。それは、ファニーメイとフレディマックの二つの公社の債券を日本の金融機関が買っていることである。

日本経済新聞（二〇〇八年七月十七日付）を読んでみよう。どうか、冷静な心を持って読んでほしい。見出しは「米住宅債券／民間保有一〇兆円超／国内三月末／年金・外貨準備でも運用」である。

国内の民間金融機関が保有する米住宅公社債券の残高が〇八年三月末で一〇兆円超に達することが分かった。信金中央金庫が七一四〇億円抱え、積極的な海外運用で知られる農林中央金庫は数兆円規模〔五兆五〇〇〇億円分＝十七日の日本経済新聞〕で投資しているとみられる。

米財務省によると、日本全体で保有する米住宅公社債は〇七年六月末で総額二二九〇億ドル（約二四兆円）。直近は不明だが、民間の保有比率は高水準で推移しているもようだ。業種別にみると、三菱ＵＦＪフィナンシャルグループなど大手銀行が約五兆六〇〇〇億円、日本生命保険など大手生保四社は四兆円超。数百億円保有している地銀もある。

公募投資信託でも、米住宅公社の関連債券や株式を組み入れる商品は多い。米政府は公社二社の支援方針を出したことを受け、投信会社は運用ファンドでの保有状況を相次いで開示し始めた。

三菱UFJ投信は十六日、公社関連債を組み込んだファンドが十六本、株を組み込んだファンドが十九本あると公表。「米ドルオープン」の関連債券組み入れ比率は約六八％と高い。みずほ投信投資顧問も債券が七本、株が六本それぞれある。「米国大型株バリューオープン」の公社株組み入れ比率は一・四五％。

一方、日本政府は一兆ドルを超す外貨準備高のうち約八六〇〇億ドルを主に米国債などで運用しているが、米住宅債も投資対象。ただ財務省は「市場に影響を与えるのでポートフォリオは公表しない」(国際局)。

公的年金を運用する年金積立金管理運用独立行政法人は三月末で外国債券を九兆六〇〇〇億円保有する。うち約二割が担保付き債券で、その多くが米住宅債とみられる。日本郵政グループのゆうちょ銀行とかんぽ生命保険はほとんど保有していなかったもようだ。

国内の民間も政府も、米住宅債は相対的に信用力が高く、米国債に比べ上乗せ金利があり、中核の運用対象とみるところが多い。現時点の影響は「実質的な政府保証があり、損失の可能性は低い」とみている。

この記事の最後の文章、「実質的な政府保証があり……」は偽りである。公社とはいえ、株式会社である。この両公社の危険性についてはすでに前項で詳述した。私は「救いようがない」と書いた。だから私は、寒風吹き荒れるウォール街の幻影を見たのである。ポールソン財務長官の前任のスノー前財務長官は現職時代に「フレディマックとファニーメイへの投資は保証されない」と繰り返し発言していた。だがポールソンが財務長官になって、「いざという時には保証する」という風評が広がったのである。

八百長工作はポールソン財務長官によってなされた。ポールソンは両公社をサブプライムローン対策の中核にすえた。二〇〇七年の七月以降、サブプライムで苦境に陥った民間の銀行の負担を軽くしようとして両公社に積極的に働きかけた。両公社の株価は二〇〇七年七月に七〇ドル近くにあったが一年後の〇八年七月には一〇ドルを切った。急落する株価を見ながら、サブプライム処理をする両公社を知りながら、日本の金融機関は何も手を打たなかった。

倒産寸前の両公社の債券を数十兆円単位で持つ日本国家とはまともな国なのか。

両公社が保有する、あるいは保証する住宅ローン担保証券は約五兆二〇〇〇億ドル。社債は一兆六〇〇〇億ドル。もし、社債が売れなくなったら、一兆六〇〇〇億ドルの社債はその瞬間にゼロとなり、両公社は消えてなくなる。これほどの社債を発行する公社の株価はすでに限りなくゼロに近い。私は日本の金融機関が多額の金をこの社債に注ぎ込んでいるとみる。アメリカの国債を買うよりも利益が出るように作られているからである。

二〇〇八年は日本にとってまだ幸せな年であった。日本人は迫りくる最大の危機を知らされずに生きた最後の年であった。サブプライムの証券、モノライン、CDS、そしてファニーメイとフレディマック……、これらが複合汚染となって日本の空を真っ黒に染めるようになる。サブプライムでローンを払えず、家を追われた数百万のアメリカの貧者と同じような貧者が、日本にも増えるであろう。

●――アメリカがすでに破綻しているのを知るべし

サブプライム問題が起こった当時、日本の大手銀行のほとんどは「運用するファンドの中にアメリカのサブプライムローンは組み込まれていない」と明言していた。だが二〇〇七年の早い時期で野村ホールディングスがサブプライムによる損失を出し、この分野から完全に撤退したというニュースが流れた。日本人のほとんどは騙されていたのである。この問題の根は深い。それは責任の所在が存在しない、不思議としか言いようのない証券の濫発(らんぱつ)にあった。

「トレーサビリティ」という用語がある。どのような結果となるのかという追跡の可能性をいう。サブプライム関係の証券はまさに〝トレーサビリティの欠落〟である。日本の大手金融機関は、このトレーサビリティについての自覚がなく、また調査さえしていなかったのである。

CDS危機も、モノラインによりこれから出てくるであろう巨額の損失も、二公社に対する無制限と思われる投資も、日本の大手の金融機関による投資は、ただただ、高利益の追求ためになされたものである。今や、アメリカの市場が一大ギャンブル場と化しているのに、そのギャンブルの危険性に気づいていないようなのだ。

アメリカそのものがギャンブル国家だと知る必要がある。二〇〇八年六月二十六日、アメリカ最高裁は首都ワシントン特別区の短銃所有規制条例に「違憲」という判決を下した。「個人の銃所有を認める憲法に違反する」というのがその主な理由であった。これがアメリカという国である。アメリカというギャンブルの国は、毎年約二兆ドルのドルを〝輸入〟しないと成り立たないのである。この異常な国家を日本の大手金融機関は信じきって、円をドルに替えて垂れ流し続けている。

私はニューヨーク大学のヌリエル・ルービニ教授が、十二のステップを経て一兆ドルの損失に至る「悪夢のシナリオ」の一部を引用した。彼の「第4ステップ」を紹介したい。

第4ステップ：モノライン（金融保証会社）の損失は、一〇〇億ドルから一五〇億ドルの救済パッケージが用意されているが、それ以上に大きくなる。モノラインの格付けの低下はさらに一五〇〇億ドルの損失が金融機関に及ぶ。モノラインの格下げは、無謀な商品に投資していたファンドにも大きな損失を与える。

ルービニ教授がこの「十二のシナリオ」を書いたのは二〇〇八年の一〜二月頃と思われる。二〇〇八年三月に入り、格付会社ムーディーズがモノライン会社のMBIAを最上級のAaaからA2へ五段階、アムバックをAaaからAa3へ三段階引き下げた。ルービニ教授のシナリオ通りとなった。とすれば一五〇〇億ドル以上の損失が出ている。そして、これは序の口にすぎないのである。プライムローンがすでにサブプライム化しつつあり、商業用不動産ローン担保証券も値下がりしている。日本の大手金融機関はこれから数年にわたり、天文学的金額の損失を出していくことになる。ルービニ教授のシナリオの「第6ステップ」「第7ステップ」は省略し、「第8ステップ」を記すことにする。

第8ステップ：景気後退が進むにつれ、企業倒産の大波が起きる。〇八年の倒産確率は一〇％を超える。倒産が増え、信用スプレッドが高まるとクレジット・デフォルト・スワップ（CDSのこと）に多額の損失が発生する。損失推定額は二〇〇〇億ドルから二五〇〇億ドルまであるが、二五〇〇億ドルがありうる数字だ。

このCDSの想定元本が六二兆ドルであると私は書いた。信用リスクを保証するシステムであると書いた。日本の大手銀行がこのシステムに加わっている。ルービニ教授が書いているように、二〇〇八年でも数百億ドルの損失が出ていることは間違いない。

このCDS市場が急激に拡大したのは、世界的な低金利による過剰なる運用資金の登場によってであった。ヘッジファンドがCDS市場に流れ込み、デリバティブによりこの市場を変えた。バブルが演出されてデフォルト率が低下したからである。ヘッジファンドが投入した一兆ドルの資金の大部分が日本の大手金融機関による。デフォルト率が上昇している。ヘッジファンドがそのための保証に追われている。しかし、やがてかなりのヘッジファンドが倒産していくのは間違いのないところだ。日本の金融機関はそろそろ巨額の損失を受ける。

「円キャリートレード」というものがある。低利の円を貸りて商売をすることをいう。日本からどれだけの円（ドルに替えて）が流れていったのかの正確な資料はない。しかし、参考になる資料はある。「エコノミスト」（二〇〇七年八月二十一日号）の中に、黒田東彦（アジア開発銀行総裁）へのインタビュー記事が出ている。

——円安の問題点は。

円キャリートレードは八〇〇億ドルとも五〇〇〇億ドルとも言われ、規模を正確に把握するのは困難。現在の円安は、日本と他国との金利差が主因とみられている。また、円レートのボラティリティー（変動率）が小さいことも円キャリートレードを助長していると考えられる。

日本からの資金流出は基本的には安定的といえるが、一部投資家が投機的に円を売っている兆候もある。キャリートレードが増加すれば、資本の流れが金利に影響を及ぼしたり、将来キャリートレードの巻き戻しが市場を混乱させる要因になるという懸念がある。

黒田東彦は円キャリートレードを「八〇〇億ドルとも五〇〇〇億ドルとも……」と述べている。一説によれば一兆ドルをはるかに超えているともいわれている。アメリカの過剰なドルの印刷、日本の紙幣の過剰な印刷による、あり余ったマネーがサブプライムというブームを創り出したともいえるのである。黒田東彦が「将来キャリートレードの巻き戻しが市場を混乱させる要因になるという懸念がある」と語るのは正しいのである。黒田がそのように語ってから一年が経ち、彼の予測どおりの世界が現出したのである。

さて、この本も終わりに近づいた。当初は、原油、金、穀物、水、環境にも頁数を三分の一ほど与えて書く予定であった。しかし、サブプライムを中心とする物語となった。

日本人がアメリカに深入りするのはどうしてなのかを考えてみたい。それは、日本人がアメリカ人化しているからである。だからアメリカがサブプライム化すると、日本もサブプライム化したのである。ビル・トッテンの『日本人はアメリカにだまされている』（一九九四年）を紹介したい。トッテンは日本で「株式会社アシスト」を経営している。

現在のアメリカは、国民の一％だけが得をするシステムの国と思えばわかりやすい。その一％の人々が、残りの九九％の人々をごまかそうとしている。私は最近、けっして冗談ではなく、アメリカの指導階級は本気で国民をごまかしているのではないかと思うことがある。これはじつにかんたんなことだ。

要するに、政治家が何もしなければいいのである。麻薬を野放しにし、拳銃を自由に使わせ、暴力を取り締まらない。教育問題も放置する。テレビは下品な映像を映させ、雑音でしかない音楽を流させる。子どもの教育レベルが低下しているから、テレビの悪影響はてきめんにあらわれる。人殺しやレイプに感性が麻痺して、自分もその一員に加わるようになる。頭のなかは空っぽになっているから、本も読まない。思考能力は、いよいよ低下し社会生活を営む能力がなくなっている。

トッテンは一九九四年だからこそ、右のような文章を書いたのである。現在ではけっして書かないであろう。どうしてか？　これはまさしく日本の現状に他ならないからだ。あっという間に日本人はアメリカ人化したのである。だから、アメリカで起きることは、必ずといっていいほどに日本で起きるのである。

私は八百長資本主義について書いてきた。二〇〇八年二月七日号の「週刊文春」に寄せた神谷秀樹「米国バブル崩壊／サブプライム本当の恐怖（ウォール街現地報告）」については一度引用した。彼は強欲資本主義について、次のように書いている。

また米国に倣って、日本にも〝強欲資本主義〟は根付きつつあります。（中略）企業の価値は時価総額ではなく、信用で決まるものなのです。

ブルドックソースの株主は札束で会社を買い叩きに来たファンドに対して、毅然と「売らない」という判断をしました。彼らは二十三億円という大金を払ってファンドを追い返し、今後も調味料メーカーとしての事業を続ける決断をした。この選択を私はリスペクトします。お客様に喜ばれる商品を作り続ける、という会社の方針にブレがなく、そこに強欲さはありません。

それでも強欲資本主義の担い手が自ら改心することはないでしょう。彼らの欲望は果てしない。結局は大クラッシュによってしか、止まらないと思います。
それがいつ来るのかはわからない。ひとつ言えるのは、一九三一年の大恐慌に比べ、証券化商品やデリバティブの普及、金融市場のグローバル化が進んだだけ、なお一層、複雑な形での大クラッシュになるだろうということです。日本のバブル崩壊などと比べものにならぬ複雑で重症なものなのです。

日本の経済学者のなかでも、大前研一は非常に異様である。大前はブルドックソースの経営者と株主たちをことあるごとに痛烈に批判していた。彼はM&Aの強力な推進者である。彼は世界最大の企業ゼネラル・エレクトリック社（GE）を二十一年もの間導（みちび）いたジャック・ウェルチを「経営の神様」と崇（あが）める。「SAPIO」（二〇〇七年一月二十四日号）にジャック・ウェルチと大前研一の対談が載っている。「『経営の神様』がズバリ、これが『いい会社』『いいM&A』『いいビジネス』の条件」から、大前研一のウェルチ論の一部を引用する。

一九八一年にウェルチがGEのトップとして登場した時は、実に新鮮だった。戦略なんか要らない。実行あるのみだ、と言って、現状を全否定し、前任者が作ったものをすべてつぶすところからスタートした。いわば「超現場主義」。これはGE社内で弱小のエンジニアリング・プラスチック事業部出身だからできたことだ。
そして、彼が最も重視したのは、人材育成と評価である。私は、ウェルチ氏の経営をひと言で言えば「人」だと思う。彼は人材を育成して公平に評価し、ダメな人材をクビにして良い人材を残すというシステムの構築にひたすら力を注いだ。「ワークアウト」(GEが八〇年代末から全社規模で導入・実施した業務改善プログラム。官僚的社風の打破に大きな力になったと評価される)と称して不必要な仕事を減らし、人員削減をとことんまで推し進めた。当時ウェルチ氏は、会社は緊張すれば良くなる、緊張させるために目をつぶって一五%人員削減すればよい、だから理屈なくクビにする。迷ったら削れ、それが経営の真髄だ、と言っていた。

大前研一が「経営の神様」と絶賛するウェルチこそは、強欲資本主義の神様なのだ。彼が切りに切ったがゆえに、GEは技術者たちが育たなくなり、今や世界最大の企業も倒産の瀬戸際に立つ。ゴールドマン・サックスも「株を売れ」との号令をこの大会社に浴びせた。家電部門を売ろうとしたが売れないのである。売れたのは高利貸部門の子会社である。ウェルチはGEの独裁者になると、大前研一が絶賛してやまないように、同社の利益を一七億ドルから四七億ドルと三倍近くに伸ばした。

しかし、これには裏があった。社員数四〇万四〇〇〇人を二六万八〇〇〇人に削減したことによる利益であった。ウェルチはこのために、多額のボーナスを手に入れた。

私は「サブプライム化する」日本について書いた。この強欲資本主義の化身のような男ウェルチがもてはやされる風潮の中で、日本の経営者たちもすっかり変貌していった。アメリカ流金権主義を説いた経済学者たちが全国津々浦々を訪れ、経営者の頭を洗脳し続けた。バブル経済はその根をアメリカ的金権主義に持つのである。アメリカのサブプライムに参加した日本の大手金融機関の経営者たちは投機にのめり込んでいる。だから、日本もサブプライム化するのである。彼らは、社員の給料の二百倍を手にし、愛人にまで多額の給与を与えるウェルチなる経営者を神様と崇めるようになったのである。

日本経済新聞（二〇〇八年七月十九日付）に、「米国人向け業務UBSが撤退へ／米当局の調査受け」という記事が載った。引用する。この記事が意味するところを読者は考えられよ。

スイス金融大手UBSは米国人向けの業務から撤退する。同グループのブランソン最高財務責任者（CFO）が十七日、米上院の公聴会で明らかにした。米富裕層の脱税の温床になっているとして、米当局の調査を受けていたことを踏まえ「問題の業務から完全に撤退することを決めた」という。

ブランソン氏は「起きてしまった法令順守の失敗を心から悔やんでいる」と強調。プライベートバンキングと呼ばれる資産の管理サービスや証券業務、口座の開設などについて米国人向けはやめると表明した。

米メディアによると、司法や税務の当局は脱税の有無を明らかにするため、UBSに顧客の名簿提出を求めるなど匿名性の高い取引に風穴を開けようと調べを進めている。

スイスは、ロンドン・シティ同様、タックス・ヘイブンの国家である。私はロンドン・シティはロンドン市の中にある〝一つの国家〟だと思っている。UBSは匿名口座をつくり、アメリカの富裕層の税金逃れの役割を担っていたのである。それを追及されたUBSが「証券業務」からも去るというわけである。この記事によると、スイスのUBSがアメリカでの銀行業務に終止符を打つ、というようにも取れる。いくら司法や税務の当局からの追及があったとしても、これは異常事態と言うべきである。サブプライム問題の元は証券業務である。UBSは、サブプライムの残務整理を終えたと表明しているのと同じである。UBSは、大いなる利益を得た。そのためにアメリカの富裕層の一部を〝サクラ〟として利用し、彼らを儲けさせ、それらの利益をUBS本社の銀行口座に匿名で受け入れた。

スイスの大銀行のもう一つはクレディ・スイスである。同じ日本経済新聞（二〇〇八年七月

世界の銀行の総資産ランキング

順位	銀行名	百万ドル
1	ロイヤルバンク・オブ・スコットランド（英）	3,777,312
2	ドイチェ・バンク（ドイツ）	2,946,766
3	BNPパリバ（フランス）	2,474,846
4	バークレイズ（英）	2,440,272
5	HSBCホールディングス（英）	2,356,645
6	シティグループ（米）	2,187,631
7	クレディ・アグリコル（フランス）	2,064,099
8	UBS（スイス）	2,004,687
9	バンク・オブ・アメリカ（米）	1,715,746
10	三菱UFJフィナンシャルグループ（日本）	1,583,924
11	ソシエテ・ジェネラル（フランス）	1,562,332
12	JPモルガン・チェース（米）	1,562,147
13	ウニクレディト・イタリアーノ（イタリア）	1,482,930
14	HBOS（英）	1,327,624
15	サンタンデール・セントラル（スペイン）	1,318,812
16	フォルティス（ベルギー）	1,270,005
17	みずほフィナンシャルグループ（日本）	1,266,068
18	クレディ・スイス（スイス）	1,196,759
19	中国工商銀行（中国）	1,188,082
20	中国建設銀行（中国）	903,347
21	コメルツ（ドイツ）	893,309
22	デキシア（ベルギー）	882,276
23	三井住友フィナンシャルグループ（日本）	846,674

（注：2008年5月末現在。データストリームに基づき日興シティグループ証券が発表。

「エコノミスト」08年7月29日号を参考に作成）

二十五日付）にクレディ・スイスに関する記事が出た。

クレディ・スイス純利益六二％減／四－六月期

スイスの金融大手クレディ・スイスが二十四日発表した四－六月期決算は、純利益が一二億一五〇〇万スイスフラン（約一三〇〇億円）と前年同期に比べ六二％減った。ただ米国の信用力の低い個人向け住宅融資（サブプライムローン）の問題に端を発した金融市場の混乱に絡む損失計上額は二二〇〇万スイスフラン（約二三億円）と少額にとどまり、投資銀行部門も黒字を確保した。

この記事を読んで分かるのだが、クレディ・スイスもサブプライム問題の処理が一応完了したのである。

前ページ（二三九ページ）の表を見てほしい。二〇〇八年五月末現在の世界の銀行の総資産ランキングである。アメリカの銀行はシティグループが六位、バンク・オブ・アメリカが九位、JPモルガン・チェースが十二位に入っている。驚くべき躍進をしたのはイギリスの三大メガバンクである。もう一つ指摘しておきたいのは、ヨーロッパの大手銀行は二〇〇八年中にサブプライムによる損失に一応整理がつきそうなのである。これから損失が出てくるのはアメリカ、

米政府機関債の海外保有状況

総額 1兆3044億ドル

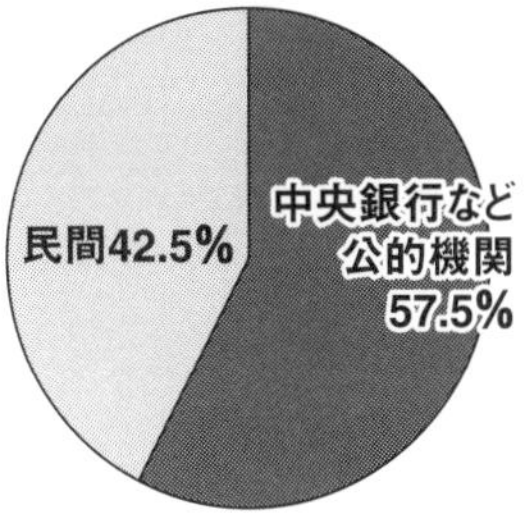

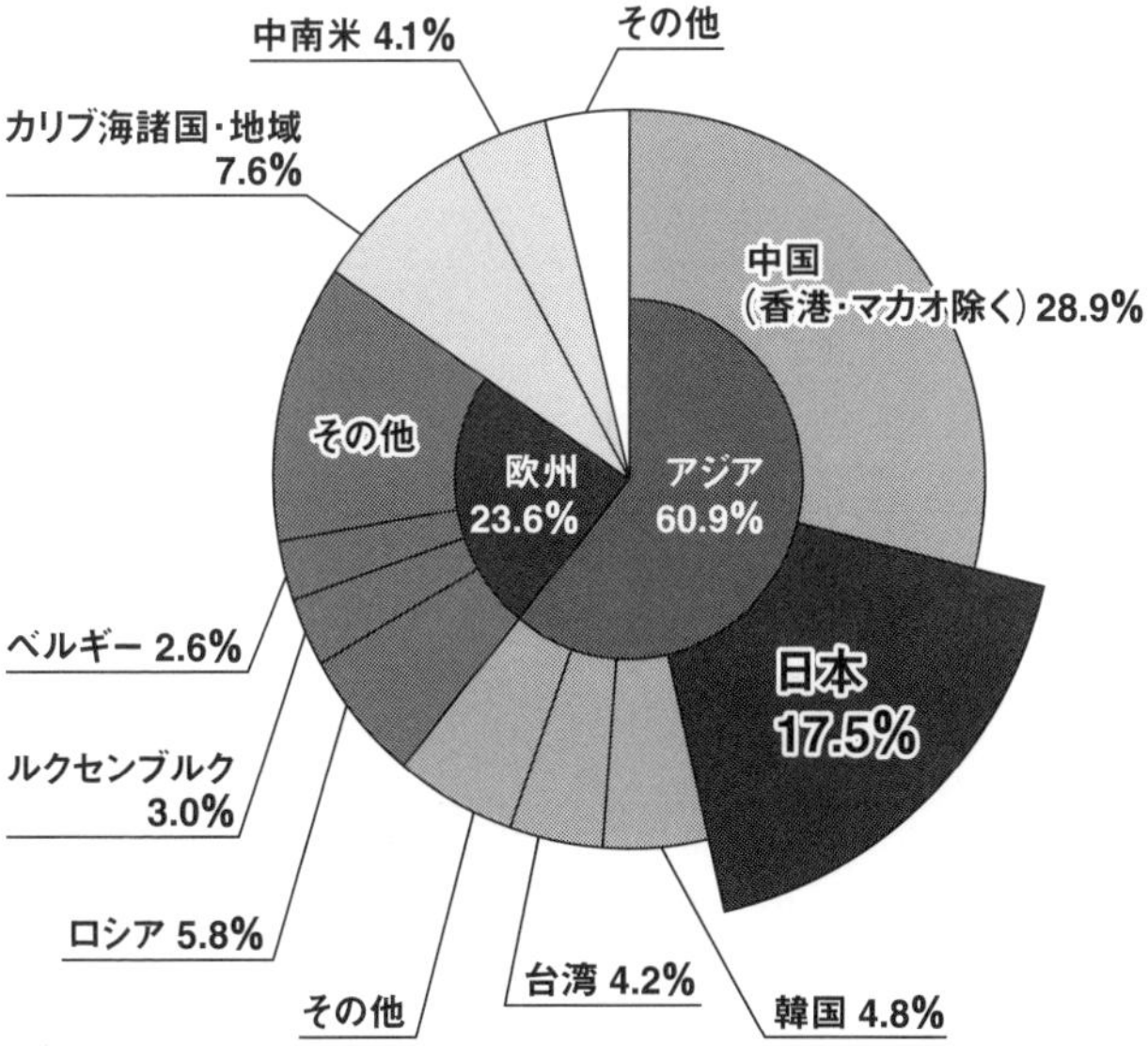

(注:2007年6月末現在の米財務省調べ。住宅公社2社以外の政府機関債も含む。
日本経済新聞 2008年7月25日付を参考に作成)

そして日本、中国である。

ファニーメイとフレディマックは二社合わせて社債を海外に一・三兆ドル持っている。前ページ（二四一ページ）の図はその「米政府機関債の海外保有状況」である。私は七月二十五日付の日本経済新聞を読んでいて、「あっ、やっぱりそうだったのか」と思ったのである。中国と日本でほぼ半分を占めている。イギリス、フランス、ドイツ、スイスはまったく米政府機関債を持っていない。

これは何を意味するのか。この機関債の危険度が高いということを西欧諸国が知っていたということである。だから、ヨーロッパの中央銀行もメガバンクも手を出さなかったのである。アメリカ国債と同じようにトリプルAがついている。いざという時にはアメリカ政府が保証するという噂は偽りなのである。ヨーロッパとアメリカは、この一点では完全に〝グル〟である。一兆三〇〇〇億ドルが紙屑になっていく日は遠からずやってくる。中国も日本も韓国も台湾も、大損失を受ける日がやってくる。

［終章］八百長資本主義、終わりの始まり

●――ＦＲＢ議長が逮捕される日は来るか

私はサブプライム惨事を中心にして、アメリカを描いてきた。サブプライム惨事がどうして発生したのかを追及してきた。そして、サブプライム問題は単にアメリカだけの問題ではなく、日本にも甚大な影響を与えるであろうことを私は書き続けてきた。私はリアルタイムでこのサブプライム惨事を追って、この本を書くべく毎日毎日、新聞の記事を追った。また、週刊経済誌の記事に注目し続けた。

もっと大局的な立場から、八百長恐慌を生んだ八百長資本主義とは何かを書くべきなのかもしれない。あまりにも眼前の事件にとらわれすぎているのかもしれない、と思い続けていた。別の見方をすれば、二〇〇七年から二〇〇八年、そして二〇〇九年の三年間に世界は大変貌をとげそうなのである。それゆえ、大局観で書くのでなく、リアルタイムでこの本を書くことにしたのである。二〇〇八年七月二十七日付の朝日新聞と日本経済新聞の記事を主体に検討することにする。まず、朝日新聞の記事を記すことにしよう。

住宅救済法成立へ／米、公的資金注入に道

米議会上院は二十六日（日本時間二十七日未明）、低所得者向け（サブプライム）住宅ローン問題の対策として、政府系住宅金融機関（ＧＳＥ）の支援や最大三〇〇〇億ドル（約三二兆円）のローン救済策などを盛り込んだ大型の住宅法案を可決する予定だ。下院は既に可決済みで、ブッシュ大統領の署名を経て成立する見通し。

法案は、二月に成立した総額一六八〇億ドル（約一八兆円）の景気浮揚策に次ぐ対策となる。ローンを返済できずに自宅を差し押さえられている人を救済し、金融機関の不良債権急増を食い止め、世界の金融システム不安を防ぐ狙い。

アメリカからこのようなニュースが伝わると、日本の経済学者たちは事の深層を追うこともなく、これでサブプライムも一件落着だと信じ込む。住宅救済法がアメリカを救えるのであろうか。これは愚問であり、愚答である。以下、記事を続ける。

ＧＳＥの救済策では、連邦住宅抵当金庫（ファニーメイ）などへの政府融資枠を大幅に広げ、政府による株式購入を通じた資本注入などを可能にする。〇九年末までの時限措置だが、公的資金の限度はあえて設けず、政府が全面支援する姿勢を打ち出す。

住宅不況を和らげるため、約一五〇〇億ドル（約一兆六〇〇〇億円）の住宅減税や、地方自治体による低利ローンなどの財源として約一一〇億ドル（約一兆二〇〇〇億円）の地方債発行枠、差し押さえられた住宅を州政府などが買い取って再生する予算三九億ドル（約四〇〇〇億円）なども盛り込まれた。十一月の大統領、議会選を意識した「ばらまき」の色彩も強い。

議会予算局はGSE支援が実際に発動される可能性は半分以下とみているが、実施されれば国民負担額が一〇〇〇億ドル（約一一兆円）を超す場合もあり得るとの認識だ。最大三〇〇〇億ドルのローン救済策も、焦げ付き急増で政府負担が大きく膨らむ恐れがあり、政府は当面の措置として政府借入枠を新たに八〇〇〇億ドル（約八五兆円）増やした。

この住宅救済法で、サブプライムやプライムで生じた恐慌前夜の不況からアメリカが脱出しえるとは到底思えない。これらはすべて、当座のごまかしである。多くの経済学者たちは、アメリカ政府が介入し、サブプライム危機を救うべし、と書いている。彼らは認識が甘いのである。今、いかなる政治家がいようと、この危機を救えない。私は幾度も書いたが、アメリカの財政収支も経常収支も大赤字である。どこから住宅公社救済のための資金を持ってくるのかを考えれば、この事態を正しく理解できる。この新聞の記事の最後に書かれていることに注目したい。

「政府は当面の措置として政府借入枠を新たに八〇〇〇億ドル（約八五兆円）増やした」アメリカ政府がＦＲＢから借り入れしなければ、救済のための〝一時しのぎの芝居〟さえ打てないのである。

読者はここでも考えを変えなければならないのである。ゴールドマン・サックスが「サブプライム惨事の損失が一兆二〇〇〇億ドルに達する」と予測するのは、あくまでも、大手金融機関の損失を指しているということである。アメリカ議会予算局（ＣＢＯ）が七月二十二日に二公社などの政府系住宅金融機関への支援策について、これが実施された場合の財政負担は二年間で二五〇億ドル（約二兆七〇〇〇億円）にのぼると試算した。この試算をもとに住宅救済法ができた。しかし、二五〇億ドルなんぞでは、ファニーメイだけでさえ救えない。

アメリカ政府も議会も、国民に不安を与えまいと小細工を続けている。一兆ドル単位から一〇兆ドル、そして一〇〇兆ドル単位の危機が、アメリカのみならず世界を襲っていると私は書いてきた。それが「八百長資本主義がもたらした八百長恐慌」であると書いてきた。

アメリカをかくも危機にさらした男、グリーンスパンＦＲＢ前議長の後継者バーナンキは、「米住宅公社にも必要なら貸し出しに応じる」とその立場を明確にしている。しかし、ここにも偽瞞が溢れている。七月十六日時点でのＦＲＢの資産は八八八四億ドルで、一年前に比べて三四六億ドルも膨らんでいる。しかし、その資産内容が大きく変貌しているのである。日本経済新聞の七月二十七日付を見ることにしよう。FRBの危機を知ることができるのである。

一年前は資産の九三％を占めていた米国債が三一一六億ドルも減り、比率は五四％に下がった。その分、市場に流動性を供給する対策にともなう金融機関への貸出資産が急膨張した。民間への貸出先の拡大に合わせて、FRBが経営を点検しなければならない範囲も広がる。ポールソン財務長官は証券会社の機能を持つ投資銀行やヘッジファンドの監視役にFRBをあてる構想を描く。

読者は認識をより深めなければならない。ポールソン財務長官は、八百長資本主義を進めてきた巨大複合金融機関の一員として、ネズミ講の最終処理をFRBのバーナンキ議長に押しつけていることを。私は具体的には書かなかったが、金融マフィアたちはFRBにサブプライムのガセ証券を担保に金を借りているのである。それで「一年前は資産の九三％を占めていた米国債が三一一六億ドルも減り、比率は五四％に下がった」のである。この三一一六億ドルはそのほとんどが金融マフィアの手中に落ちたのである。

これがアメリカの姿なのだ。アメリカ政府の財政も、FRBの財政も、サブプライム化しているからこそ、アメリカに破局が迫っているのである。ゴールドマン・サックスが決して予測できないことを書くことにしよう。

「二〇〇九年に入ると、FRBのサブプライム化がアメリカ民衆の知るところとなり、その原因を調査する組織がつくられ、グリーンスパンとポールソンが逮捕されそうになるであろう。しかし、二人は逃亡に成功する」

私は起こりうる未来を書いてきた。アメリカがいかに住宅公社支援法を作ろうとも、それを実行に移そうとも、住宅公社は救いようもないほどに崩壊寸前であると書いてきた。日本の大手金融機関がファニーメイとフレディマックの両公社に数十兆円の金を注ぎ込んでいる様子を書いてきた。しかし、日本の金融機関の内部からも、ましてや、各メディアからも日本の危機意識が全く伝わってこないのである。私は両公社の社債のうち約一兆三〇〇〇億ドルが海外に散らばっていることも書いた。そのうち日本は中国の二八・九%についで、一七・五%。約二二七五億ドルの両公社の社債を持っている。ここで考えなければいけないのは、イギリス、フランス、ドイツ、スイス……のヨーロッパの大手金融機関がこの社債を全く買っていないことである。それは、この社債が危険きわまりないものであることを知っていたからに他ならない。この社債に対する対策をアメリカ政府も議会もなんら立てていないのである。

私はこの社債が無価値になると思っている。その他にも日本の大手金融機関は五兆ドルにのぼる両公社の保証する債権や住宅ローン担保証券のかなりを購入している。さらには日銀も政府もこれらの証券を購入している。

日本の大手金融機関が八百長資本主義の罠にまんまとはめられたことを明らかにしている。日本人は、どこかで道を誤ったのではないだろうか。このことは、日本の金融機関だけの問題ではないのである。日本人が〝マネー〟を神と崇める欧米流の思想を持つにいたったがゆえの出来事である。

私は数多くの経済関係の雑誌の記事をこの本の中で紹介した。ここで一つの苛立ちを書くことにしたい。それは「金融工学」についてである。

日本の大手銀行や投資会社にはエコノミストという職種があるらしい。特に「チーフエコノミスト」という肩書を持つ人々が経済雑誌の記事を埋めている。この人々の書く記事を読むと、どうやら彼らは「金融工学」なるもののプロであるらしい。金融工学の本質とは何か。それはリスクをコントロールし、リスクをリスクでなくすることらしい。投資家にとってのリスクを提言することらしい。数字を基に数学的に高度なモデルを使えば、リスクはリスクでなくなるらしい……。

私はこの本の中でたびたび書いてきた。人間が経済を動かすのであり、八百長資本主義はそこから生まれたと。金融工学が数多くの金融商品を創り出した。チーフエコノミストたちは「すべてのリスクとリターンの確率分布を把握しコントロールできる」と書いている。

その結果はどうなったのか。彼らは敗北を認めないけれども、敗北しているではないか。経済は群集心理で動くのである。その真実を知り尽くした金融マフィアがバブルを演出したのである。金融工学ではバブルを創り出せない。しかし、金儲けのシステムが創り出されれば、群集心理が働きバブルが発生する。チーフエコノミストたちは、素直に金融工学の誤りを認めなければならない。そして日本の投資家たちは、チーフエコノミストが創り出すものに、疑いの眼を向けなければならない。八百長資本主義がサブプライム惨事を生んだのである。新しい心理学の面から、この八百長資本主義を見なければならないのである。日本人は昔の日本人に回帰し、もう一度世界観をつくり直さなければならない。急がなければ、国家の収入をはるかに超えるバブル崩壊の大波に日本が確実に呑み込まれるであろう。

私たち日本人は今、何をどのようになすべきかを私は書いたのである。貧しい時代の原点に返り、今、この世界に進行している八百長資本主義の正体を知ることから行動すべきであると私は書き続けたのである。

ここでロナルド・ドーア（ロンドン大学ＬＳＥ名誉フェロー）の「いまは亡き『日本型資本主義』を悼む」（「エコノミスト」二〇〇八年一月八日号）を引用する。

イギリスでは、世襲的な「将校階級」出身の経営者層と、「兵卒階級」出身の労働者層が激しく対立する。それに比べて、出身階級をあまり問わず、学歴によって経営者・労働者となる日本の労使関係のほうが、分配闘争のより平和的で平等な解決を許すと同時に、上司と部下のより人間的な関係をもたらし、その協力体制がより高い投資率、成長率を確保するという結論だった。

だが、それは二十五年前の話。今や、格差が拡大し、勝ち組と負け組の二極化現象がメディアの日常的な話題となった。

ロナルド・ドーアは「改革の十年」についても次のように書いている。そのうちの①と②を紹介する。

①バブル破裂後の国民的自信の喪失のなか、市場合理性を体現する米国を成功のモデルとしてあおぐ気運。

②新古典派経済学および株主主権主義を鵜呑みにして、アメリカ留学から帰ってきた経済学博士・会計法専門の法律家などが、政府の審議会を牛耳り始め、それに呼応して、米国

でＭＢＡ（経営学修士）を得た大企業の若手幹部・経済部門の官僚が、部長・局長級に昇格した。

私が書いてきた「八百長資本主義」を支えているのは、これらの経済学博士やＭＢＡを得た人々である。私は読者に一言いいたい。

これらの人々の言動に注目せよ。そして、彼らの行動に抗議せよ。「市場合理性」を認めるな。日本人同志、「持ちつ持たれつ」の関係を大事にせよ。「義理と人情」の中で、新しい日本型資本主義を創造せよ。しかして、「幸福、住みよさ」を最大の目標にかかげ、「思いやり」の心を持って一日一日を生きよ。

●――いよいよ終焉に迫る八百長資本主義

私は「八百長資本主義」とは何かについて書き続けてきた。私はこの本を書きつつ、どうして人々は、こんなに簡単な八百長について考えもせず、偶然に起こったかのように考えているのかと驚き続けていた。

一九九七年、ノーベル経済学賞は、マイロン・ショールズとロバート・マートンの二人に授与された。二人がブラック＝ショールズ公式という金融工学上の有名な方程式を確立したからである。この二人の学者を迎えて、ロング・ターム・キャピタル・マネジメント（LTCM）というヘッジファンドが創設された。しかし、ロシア国債のデフォルトが発生し、LTCMは巨額の損失を出した。このとき、ノーベル賞受賞者を擁するこの金融会社は「標準偏差一〇個分の現象であり、これは、数百億年に一回起こるかどうかの現象である」との見解を発表した。

私はこの金融工学上の有名な方程式について論ずるつもりはない。しかし、金融工学がロシア国債のデフォルトを計算に入れられなかったことは、金融工学が完全なものでないことの何よりの証拠となる。あのノーベル経済学賞の授与から約一〇年が流れ去った。そして、サブプライムの仕掛人の重要人物であるアラン・グリーンスパンが「百年に一回あるかないか」と言ったサブプライム問題が発生した。ロシア国債のデフォルトもサブプライムも〝偶然〟がなせる事故であるかのように報道され続けている。

私たちは、歴史には、状況、環境が激変する分岐点があることを深く認識しなければならない。ロシア国債のデフォルトもサブプライムも、その分岐点、すなわち、ターニングポイントがある。そして、この分岐点の前後を追及していくとき、これらが偶然に起こるのではなく、必然的な何かが必ず存在することを知るのである。その〝必ず存在する何か〟は、言葉を換えて表現するならば〝故意が創り出す〟ものである。もう少し明確に表現するならば〝八百長が創り出す〟ものである。だから、〝数百億年に一回〟といわれる〝ロシア国債のデフォルト〟も、故意であり、八百長なのである。私たちは、地震などの天変地異と経済における不確実性を同じように考えてはならない。

八百長資本主義の首謀者たちは、不確実性を巧妙に利用して大いなる利益を上げてきたのである。不確実性を創り出した彼らは、人間というものが、合理的に意志決定できない動物であることを知りつくしている。金融工学という魔法が創り出され、この魔法で多くの人間どもが洗脳されているのだ。だから、金融工学が生み出す証券といういいかげんなものに、巨大銀行や証券会社のチーフエコノミストたちも、ころりとまいってしまったのだ。サブプライムの後でさえ、彼らの洗脳状態は続いたままである。

洗脳され続けている〝チーフエコノミスト〟の中でも、リチャード・クー（野村総合研究所主席研究員）は頭ひとつ抜けた存在である。彼は共同通信配信記事の「経済混迷／押し寄せる危機の実相」（「大分合同新聞」二〇〇八年九月二日付）の中で次のように語っている。

日本がこの十五年でやったことの中で、唯一効いたのは財政出動による公共事業だ。これで国内総生産（GDP）を維持してきたわけで、米国も早くそういう視点に移ってほしい。GDPさえ落ちなければ、どこかに収益が回り、問題は克服できる。だがGDPが大恐慌の時のように四〇％も減少するような事態を放置すれば、本当に手が付けられない状況になる。日本の教訓をぜひとも生かしてほしい。（談）

リチャード・クーは、日本のバブルとアメリカのサブプライムを同一視している。クーにかぎらず、ほとんどの経済学者たちが同様の発言をしている。アメリカのこの悲惨としか表現しようもない状況は八百長資本主義が創り出したものであるという認識が完全に欠如している。「市場価格の上がり下がりは予測が不能であり、確率的にしか評価できない」という迷妄が経済学を支配している。だから、サブプライム惨事もこの迷妄の金融工学理論で分析しようとする。こんな金融工学理論のみに、ノーベル経済学賞は与えられ続けてきた。そして、サブプライムゆえに世界が狂ったのである。八百長資本主義は金融工学なるものを創造し、これを逆手に取ったのである。あのグリースパンがいみじくも言ったように「百年に一回起こった」のがサブプライムによる世界恐慌であった。では、これから世界はどのように変化していくのであろうか。

私はある程度の確率を信じて次のように主張しえる。「八百長資本主義は終焉の時を迎えようとしている」と。どうしてか？　答えはいたって簡単である。このサブプライムを演出した連中の八百長ほどに巨大で、かつ成功したものは人類の歴史上になかったし、これからも存在しえない、と思うからである。

超大金持ちだけに富が集中していく

では、八百長資本主義の後に世界はどのように変化するのであろうか。その変わりゆく世界を描いてみたいと思う。変わりゆく世界を知るために、今までに私が書いてきたことを想起してほしい。それは、このサブプライムがヨーロッパの巨大な金融機関を中心に演出されてきたということである。私はその中心にユダヤの資本家がいると思うが、あえて、そのように書かなかった。だから、ロスチャイルドの名もほとんど登場させなかった。

是非、読者に知ってもらいたいことがある。アメリカを、否、世界を支配しているのはロックフェラーであるとの説が流れていることである。これは偽りである。今、アメリカの金融世界においてもロックフェラーの影響はほとんどないに等しい。ロックフェラーの支配下にあったチェース・マンハッタン銀行は一九九九年にJPモルガンと合併した。この合併劇については、私の前著『金(きん)の値段の裏のウラ』で詳しく書いた。アメリカのWASP(ワスプ)の中のWASP、ロックフェラーとモルガンの両財閥は二十世紀の終わりに消えたのである。だからこそ、ヨーロッパの巨大複合金融機関がアメリカを舞台にして八百長劇を演出できたのである。アメリカの二大銀行は合併してJPモルガン・チェースとなったが、イギリスの三大銀行よりも規模が小さいのである。ロックフェラー一族がシティグループ、ゴールドマン・サックスの支配者であると書いた本があるが、これらは間違いである。この巨大商業・投資銀行を実質的に支配するのはロスチャイルドである。

八百長を仕掛けた銀行の一つにUBS（スイス）がある。この銀行についてはすでに幾度か触れた。改めてUBSについて書くことにする。それは、UBSを検討すれば、八百長資本主義の終焉が見えてくるからである。

二〇〇八年七月十七日、UBSのブランソン最高財務責任者は米上院の公聴会に呼ばれた。アメリカ富裕層の脱税の手助けをUBSが積極的に行っていたからである。その場でブランソンは「プライベートバンキング」と呼ばれる資産の管理サービスや口座の開設などの米国人向け業務をやめると表明したのである。UBSは秘密口座を富裕層向けにつくっていた。この表明こそは、アメリカでの営業活動の一方的な撤退に他ならなかった。ここまでは既に書いた。

それから一カ月後の八月十三日、UBSは、投資銀行、資産運用、富裕層向けの三事業をそれぞれ独立した組織に分割するという方針を発表した。UBSは投資部門の売却を狙っている。アメリカからの撤退を視野に入れたからである。二〇〇八年六月にスイス国立銀行のヒルデブラント副総裁が「資産に対する資本の比率を規制し、レバレッジを抑える必要がある」と発言している。スイス銀行委員会は二〇〇八年中に新しい資本規制を導入する。レバレッジ規制のみならず、自己資本比率を八％から一三－一五％にする。UBSはこの規制を先取りして、投資銀行部門を売却することにした。すなわち、八百長資本主義からの撤退である。国際決裁銀行（BIS）のバーゼル委員会もトレーディング勘定への自己資本規制を強化することになった。レバレッジに立脚した金融が終わろうとしている。日経新聞（二〇〇八年十月三日付）の記事を紹介したい。

UBS、5・四半期ぶり黒字／七－九月見込み

スイスの金融大手UBSは二日にバーゼルで開いた臨時株主総会で、二〇〇八年七－九月期の最終損益が小幅な黒字になったもようだとする業績見込みを明らかにした。黒字計上は〇七年四－六月期以来、五・四半期ぶり。〇七年後半以降取り組んできた米国の信用力の低い個人向け住宅融資（サブプライムローン）関連資産の圧縮の効果がようやく表れ始めた格好だ。（中略）UBSは十－十二月期も業績回復が続くと見ており、〇九年には通期でも黒字を見込む。

UBSは大幅な資産圧縮で損失額を減少させ、黒字に転換した。サブプライムの不良債権の

処理が終わったのである。

アメリカの大手銀行は数千億ドル単位の負債を今でも抱えている。バンク・オブ・アメリカは二兆五〇〇〇億ドル、ＪＰモルガン・チェースは一兆六〇〇〇億ドル、シティグループが二兆ドル。その負債はまさに天文学的である。資産は極端に減少しつつある。株価が暴落を続けているからである。今さら簿外資産を出してきて処理できなくなっている。簿外資産はロンドン・シティに凍結されていると私は思っている。

八百長資本主義は、株式と債券の中間に位置する資産を証券化することにより隆盛を迎えていたのである。この証券を売った販売者が大損することになった。アメリカ、ヨーロッパの金融担当局が証券化による流動性のリスク対策に乗り出したからである。

私はノリエル・ルービニ（ニューヨーク大学教授）の金融危機に対する予測について書いてきた。そのルービニ教授が、「勝ち組とされるゴールドマン・サックスでさえも二年以内に売りを迫られる」との予測を出している。アメリカの司法当局が、大手金融機関による投資家への販売方法が不適切であるとして証券の買い戻しを命じた。ニューヨーク州司法当局が金利入札証券（ＡＲＳ）を問題とした。この件だけでも、投資銀行は数兆円規模の証券買い戻しに応じることになった。八百長資本主義の終焉が見えてきた。

では、新しい資本主義はどのような形態になるのであろうか。これは今のところ、その姿を見せない。しかし、大きなヒントが、私が書いた今までの文章の中に暗示的に表現されている。八百長資本主義が演出したサブプライムという国際ネズミ講の結果、富が世界中から流れ出し、その大部分は富裕層の手の中に落ちたのである。いかにして富は移動したのかを、私は書き続けたのである。司法当局が介入し、大手金融機関が証券の買い戻しに応じようと、その金融はしれている。巨額のドルが富裕層に、特に私がたえず指摘してきた、LCFIといわれる巨大複合金融機関に集中したのである。「エコノミスト」（二〇〇八年九月十六日号）に田中宇（さかい）は『隠れ多極主義』が煽動した富の移転」を書いている。

米国の戦略を立案してきたウォール街の資本家の多くは、ユダヤ人である。世界は過去五〇〇年にスペイン、オランダ、英国、米国と覇権国が移り変わったが、いずれの覇権国も政治経済政策の立案にユダヤ資本家が貢献し、覇権国が移転するたびにユダヤ資本家も移転し、新天地で儲けを拡大した。二十世紀初頭のCFR〔外交問題評議会〕やFRBの設立に集まったウォール街の資本家の多くは、十九世紀後半にロンドンから移ってきたユダヤ人だった。その後一〇〇年間、米国の世界戦略は、覇権国の多極化（共有化）と国民国家の急増を望むウォール街の資本家（隠れ多極主義）と、その動きを阻止して旧来の英国中心の覇権体制を維持しようとする「軍産英複合体」（米英中心主義）との間によって揺れ続けた。

「隠れ多極主義」は「米英中心主義」に二十世紀の末に敗北した。それから二十一世紀の今(二〇〇八年)、米英中心主義が八百長資本主義を使ってアメリカを壊滅させることになった。イギリスの世界戦略がサブプライムによるネズミ講であった。田中宇は「隠れ多極主義が勝ちそうな流れになっている」と書いている。それぞれに見解の違いがあって当然である。私はイギリスのロンドン・シティを中心とするＬＣＦＩの覇権の時代がやって来た、と思っている。「国家を超えた国家」がＬＣＦＩではないかと思っている。それは多極主義ではなく、一極主義の時代が到来したのだと思っている。それはまた、「ユダヤの時代の到来」を意味する。

国家そのものが消滅してしまう近未来

二〇〇八年九月七日午前(日本時間八日未明)、アメリカ政府はファニーメイ(連邦住宅抵当金庫)とフレディマック(連邦住宅貸付抵当公社)を救済するために、両者の経営を管理下に置き、公的資金を使って資本注入することを決定した、と発表した。このファニーメイとフレディマックについては既に書いてきた。しかし、九月七日に、この両社は政府管理下に置かれることになった。

ポールソン財務長官は記者会見し、「両社の優先株を政府が購入する計画に合意し、必要に応じて資本を注入する」と語った。また、「両社の資金調達を助けるため、両社が発行している債券を一時的に購入して、流動性を支援する」とも語った。七月の末に救済法が米議会で成立していた。両社は米住宅金融市場でのローン債券約一一兆ドルのうちの約五兆ドルと半分近くを占める。また、社債が約一・五〜六兆ドルある。この点はすでに書いた。

どれだけの金がこの両社のために使われるのかは未定だが、ニューヨーク・タイムズは「数百億ドル」と報道した。約五兆ドルのローン債券のかなりの部分が赤字となっている。両社の株価は限りなくゼロに近づいている。アメリカ政府は両社の負債をたえず穴埋めしなければならなくなった。一年前は四〇%ぐらいの比率で住宅ローンの買い取りをしていたが、一年後の九月の時点では、七割近くの住宅ローンの買い取りをしているのが現状である。それほどに状況が悪化している。しかも、買い取った住宅ローンは日に日を追ってその価格が下降している。アメリカ政府は金融危機回避を最優先するためとはいえ、あまりにも大きな犠牲を国民に強いることになるのではないのか。サブプライムの住宅ローン債権のみならず、プライムローンもその価値が下降し続けている。

しかし、この政府管理が発表された後の数日は株価も上がり、ドル高ともなった。しかし、これは幻想であった。いくら政府が資金を注入しようとも、この両社の負債を埋めることは不可能である。株式市場はほぼ全面安となった。アメリカの景気減速がはっきりしてきた。住宅価格は下落を続けている。中古住宅の在庫が増え続けている。

一兆五〇〇〇億ドル超の住宅公社債は売られ続けている。八月、ポールソンは五輪にあわせて訪中し、社債を売らないように中国政府に依頼した。もちろん日本政府にも同様の依頼をした。住宅不況と金融不安が連鎖してきた。私は世界複合危機の状態がやって来た、と思っている。サブプライムを使ってネズミ講を仕掛けた「軍産英複合体」（田中宇の造語）とＬＣＦＩの目標とした世界が誕生しつつある、と思っている。

債券価格は下落を続けている。中国や日本がもつ両公社の評価損が拡大し続けている。両社の債券購入が手控えられている。両公社への資産流入が細っている。両公社の調達金利が上昇を続けている。住宅ローンの金利も上昇を続けている。アメリカ政府が両公社に資金を注入し続けなければ、両公社だけでなく、アメリカそのものが破産する。そして何よりもアメリカの悲劇は、アメリカが陥ったモラルハザート（倫理の欠如）にある。この両公社は住宅公社という名を持つけれど、その本質は民営株式会社である。最小限の公的資金で緊急避難措置が成功するとは思えない。ポールソンは「納税者の保護を重視した」と九月七日の記者会見で語ったが、この発言は詭弁であろう。信用格付やデリバティブ（金融派生商品）への信頼が消えたのである。

二〇〇八年九月十二日付の朝日新聞を読んでみよう。アメリカの惨状が書かれている。

米政府が救済策を打ち出した政府系住宅金融機関の連邦住宅抵当金庫（ファニーメイ）と連邦住宅貸付抵当公社（フレディマック）が発行する債権について、米財務省が日本の金融機関に対して、事実上、保有を続けるよう要請していたことが一二日、分かった。政府当局者からの要請は異例で、大量の売却に伴う市場の混乱を防ぐ狙いがあるとみられる。

朝日新聞（二〇〇八年九月十一日付）から引用する。アメリカの財政がいかに悪化しているかが分かるのである。

米財政赤字急増、最悪の四七兆円に／新年度予想

米国議会予算局（CBO）は九日、急増中の米財政赤字が〇九年度（〇八年十月－〇九年九月）には過去最大の四三八〇億ドル（約四七兆円）に悪化する、との予想を発表した。オーザック局長は会見で、「過去の景気後退に似た困難に直面している」と危機感を強調した。

景気対策の財政出動や金融救済の公的資金導入などで、民間エコノミストには赤字額が五〇〇〇億ドルを突破するとの見方も出ている。前回の景気後退で過去最高を記録した〇四年度（四一二七億ドル）を上回るのは確実な情勢だ。〇八年度の赤字も前年度の二・五二倍の四〇七〇億ドル（約四四兆円）に増える見通し。景気減速などで法人税が一四・九％落ち込むなど、歳入は〇・八％減。歳出はイラク戦費などで軍事が一〇・五％増え、全体でも八・三％伸びる。

これは財政赤字である。この他に経常赤字（貿易赤字）がある。私は両公社への歳出だけでも年間数兆ドルが必要であると思っている。米政府は二公社合計で二〇〇〇億ドルの優先株購入枠（九月八日）を決定した。今や五兆ドルに達する負債額を両者が持つにいたった。これは日本の国内総生産に匹敵する。この両者は九月末までに両者合計で二二五〇億ドルの資産の借り換え期限が来る。そのために政府が融資した。次から次へと同様の資金借換期限がやって来る。この状態はほぼ無限に続いていく。その政府融資額は決して減少することはありえない。住宅価格が下落を続けているからである。住宅ローンを購入できる銀行はほとんどなくなった。政府がローンを組んでやる以外にアメリカ国民は住宅を持てなくなっている。ＦＲＢと財務省はドルの増刷を続けている。大手銀行と投資銀行は、不良債権を担保にしてＦＲＢから金を貸りまくっている。

私はクレジット・デフォルト・スワップ（ＣＤＳ）については詳述した。投資家が債務不履行のリスクに備えて保証料を第三者に支払って、万一の場合の損失の保証をしてもらうことである。住宅公社の二社は政府管理となり事実上倒産した。それでＣＤＳを扱う組織は保証料を支払う義務が生じた。ＣＤＳ市場で莫大な損失が発生している。日本の金融機関も大きな損失が表に出てくるであろう。このような事件を考えだすときりがない。アメリカは国債の価値を維持しようとしているが、暴落する時がやってくるであろう。国債だけではない。ドルの暴落の時が近づいているのかもしれない。株価も暴落を続けている。住宅公社の二社の株価も一年で九割も下落した。

私はアメリカの近未来のほんの少しだけを書いたのである。このアメリカの未来は、そのまま日本の未来を連想させる。証券会社は銀行並みの規制を受けることになりだした。金融不安を和らげるために、アメリカの司法当局が動きだした。

私は株式市場も、投資信託市場も少しずつ縮小していき、やがて消えていくと思っている。商品市場も同様に消えていくであろう。価格を決定する権力組織が登場してくることになろう。人々は、商品価格を一方的に上からの伝達で知るようになりそうである。それから為替市場が最後に消えていくことになろう。

サブプライムというネズミ講を創作した連中がこれから遂行しようとしているのは、自由市場の崩壊である。八百長資本主義は終焉し、統制資本主義の時代がやってくるのだ。アメリカの未来も、日本の未来も同じようなものとなる。国家が消滅していくのである。グローバリズムの最終の姿がそこにある。フラット化する世界の中で人々は生きていくことになるのだ。

●――この危機から脱出する方法はあるか

二〇〇八年九月、この月ほど近年で最も人々を驚かせた月はなかったであろう。ウォール街が揺れに揺れたからである。大きな事件が次から次へと発生した。

九月十五日、リーマン・ブラザーズが倒産した。ほぼ同時にメリルリンチがバンク・オブ・アメリカと合併した。メリルリンチの合併劇は、バンク・オブ・アメリカによる救済買収であると書いた新聞の解説があった。この二つの投資銀行について書くことにする。リーマン・ブラザーズの倒産後に、どのような事件が発生するのか分からないからである。

バークレイズがリーマン・ブラザーズの投資部門を買収した。このリーマン・ブラザーズの倒産とメリルリンチの救済買収は、あらかじめ予定されていたのでは、と思えてきたのである。それはこの年の三月に倒産したベア・スターンズとともに、リーマン・ブラザーズもメリルリンチも住宅供給会社から住宅ローン債券を買いつける役割を演じてきたからである。その債券を主にヨーロッパのLCFIに売っていた。この過程でこの両社は負債金額を増大させた。私は、最初から、ネズミ講を創り出す過程で、ベア・スターンズ、メリルリンチ、リーマン・ブラザーズの三社は、損な役割を与えられていたのではないか、と思っている。

しかし、今のところこの考えを十分に説明しえるデータがない。ただ、損な役割を演ずる会社がなくては、巨大なネズミ講が成功しなかったのである。サブプライムを組み込んだ住宅ローンが大量に作成される過程で、この三つの投資銀行が大活躍したのである。あと二つの投資銀行はゴールドマン・サックスとモルガン・スタンレーである。ゴールドマン・サックスは別格である。モルガン・スタンレーのサブプライムへの介入はリーマン・ブラザーズやメリルリンチほどではない。

なにはともあれ、ネズミ講は九月を境にして大きく変貌していく。大成功裡に一応の終わりとなった。ポールソン財務長官の役割を知る者はなかった。しかし、リーマン・ブラザーズに公的資金を入れないと発言したときに、なんとも表現のしようのない笑い顔をしてみせた。私はポールソンが「公的救済を一度も考えなかった」と説明したときに、このネズミ講がついに見事なフィナーレを迎えたことを知ったのである。リーマン破綻による約六四〇兆円（世界の株価暴落による損失総額）という額の大きさがその証しとなる。投資銀行の三つが消えたことで、ガラクタ債券に関する不正裁判はほぼ終わりとなった。世界最大のネズミ講を成功裡に終わらせたのはポールソン財務長官の見事な手腕であった。

米保険最大手のAIGが経営危機に陥ったとき、ポールソン財務長官はリーマン・ブラザーズには投入しなかった公的資金を投入したのである。

株価は乱高下を続けている。ファニーメイとフレディマック、そしてAIGがアメリカ政府の管理化に入った。私はCDSについてたびたび書いてきた。アメリカ政府はAIGが持つCDSの保証による巨大な損金を支払っていかないといけない。住宅公社の三カ月ごとにやってくる損金の支払いもしていかなければならない。

ジョージ・ソロスは『ソロスは警告する』(二〇〇八年)の中で次のように書いている。

金融危機を緩和することのできる具体的な措置として提唱したいのが、クレジット・デフォルト・スワップ(CDS)の清算機関もしくは交換所の設立である。CDSの契約残高は四二・六兆ドルという巨額に達しており、現在の持ち主の大半は、契約した相手方が十分に守られているかを知らずにいるのだ。もしもCDSのデフォルトが起これば、その時には自分の義務を履行できない相手が少なからず出てくるであろう。この問題が顕在化するのは、時間の問題でしかない。

私はソロスの提案に賛成する。これ以外に大恐慌から世界を救う方法はないと断言できる。しかし残念ながら、二〇〇八年十月十日の日米欧（G7）の財務相・中央銀行総裁会議でも、CDSについてはその言葉さえ出なかった。同じ十月十日、リーマン・ブラザーズのCDS清算価格が元本の八・六％で決定した。元本の残りの九〇％は保証される。逆に売り手は損失を受けるのだ。あのファニーメイとフレディマックのCDOの清算価格も決まった。損失額は一〇％未満とはいえ、金融機関の損失は莫大である。

企業の倒産が増え続けている。億ドル単位の損失額が毎月毎月出てくるのだ。株価の暴落以上の危機が現出しているのだ。

しかし、なんという不可解な事態が進行していることか。アメリカ財務省やFRBが公的資金を投入するというニュースが入ってくると、ニューヨークの株価は上昇し、ドル高となるのである。日本の株価も同様である。

ポールソン財務長官の極めつけの一手は、言葉にならないものであった。銀行が持つ不良債券等を買い取る公的機関を設立する、というものであった。九月十九日、アメリカの株価も日本の株価も上昇した。エコノミストたちはテレビで「これで一件落着……」と語っていた。新聞各紙も同意見であった。しかし、期待は見事に裏切られたではないか。

ついに、と言うべきか、「リーマン・ショック」が起きた九月十五日から一カ月、アメリカの株価は二五％、日本の株価は三六％の下落となった。アメリカの公的資金注入も、水の泡と消えていく。ここに来て、テレビや新聞もようやくやっと、世界経済が深刻な事態に陥ったと知ったのである。

私の結論を書いてこの本の終わりとする。

これからも、ドルが大量に印刷され続けるであろう。そのドルは国際巨大ネズミ講の被害者である各国の金融機関に少しだけ流れるが、その多くは間違いなく、ネズミ講で巨大な利益を手にしたイギリスとスイス、そしてドイツの一部の巨大複合金融機関（ＬＣＦＩ）に流れていくであろう。

やがて、人々はアメリカ国家が破綻していることを知るようになる。ドルの印刷が不可能になる時がやってくる。財政赤字と経常赤字がアメリカという国家を破綻させるのである。アメリカの国債がサブプライムのトリプルＡと同じ運命をたどるのである。日本の国家も同じ運命をたどっていくであろう。

ネズミ講が変貌していくのだ。統制資本主義の時代にすでに入りつつあるのだ。

これは第三次世界大戦ではないのか。

このまま静観すべきではないのだ。
敵の存在を認めよ。その敵を打ち破る策を考えよ。
今なら、今なら日本は危機から脱出できる。
今なら、今なら、私たちは子孫に美しい国〝日本〟を残せる。

●引用書籍一覧

『神の吹かす風』シドニィ・シェルダン／天馬龍行＝訳／アカデミー出版／一九九八年
『波乱の時代』アラン・グリーンスパン／山岡洋一＋高遠裕子＝訳／日本経済新聞出版社／二〇〇七年
『国際金融ノート』吉國眞一／麗澤大学出版会／二〇〇八年
『バーナンキのFRB』加藤出＋山広恒夫／ダイヤモンド社／二〇〇六年
『グリーンスパンの正体』ウィリアム・A・フレッケンシュタイン＋フレデリック・シーハン／北村慶＝監訳・解説／鈴木南日子＝訳／エクスナレッジ／二〇〇八年
『世界を不幸にするアメリカの戦争経済』ジョセフ・E・スティグリッツ＋リンダ・ビルムズ／楡井浩一＝訳／徳間書店／二〇〇八年
『サブプライムの実相』大澤和人／商事法務／二〇〇七年
『格付け洗脳とアメリカ支配の終わり』本山美彦／ビジネス社／二〇〇八年
『グローバル経済を動かす愚かな人々』ポール・クルーグマン／三上義一＝訳／早川書房／一九九九年
『世界金融戦争　謀略うずまくウォール街』広瀬隆／日本放送出版協会／二〇〇二年
『検証グリーンスパン神話』ピーター・ハーチャー／中島早苗＝訳／アスペクト／二〇〇六年
『通貨バトルロワイヤル』浜田和幸／集英社インターナショナル／二〇〇三年
『米国はどこで道を誤ったか』ジョン・C・ボーグル／瑞穂のりこ＝訳／東洋経済新報社／二〇〇八年
『嘘つき大統領のデタラメ経済』ポール・クルーグマン／三上義一＝訳／早川書房／二〇〇四年
『洗脳支配』苫米地英人／ビジネス社／二〇〇八年
『日本人はアメリカにだまされている』ビル・トッテン／高橋呉郎＝訳／ごま書房／一九九四年
『ソロスは警告する』ジョージ・ソロス／松藤民輔＝解説／徳川家広＝訳／講談社／二〇〇八年

◉著者について

鬼塚英昭（おにづか　ひであき）

ノンフィクション作家。1938年大分県別府市生まれ、現在も同市に在住。国内外の膨大な史資料を縦横に駆使した問題作を次々に発表する。昭和天皇の隠し財産を暴いた『天皇のロザリオ』、敗戦史の暗部に斬り込んだ『日本のいちばん醜い日』、原爆製造から投下までの数多の新事実を渉猟した『原爆の秘密［国外篇］』『原爆の秘密［国内篇］』（いずれも小社刊）を刊行。また現代史の精査の過程で国際金融の報道されない秘密を発見、『金の値段の裏のウラ』（小社刊）で経済分野にも進出した、今もっとも刺激的な書き手である。

八百長恐慌！

「サブプライム＝国際ネズミ講」を
仕掛けたのは誰だ

◉著者
鬼塚英昭

◉発行日
初版第1刷　2008年11月20日
初版第2刷　2008年11月30日

◉発行者
田中亮介

◉発行所
株式会社 成甲書房

郵便番号101-0051
東京都千代田区神田神保町1-42
振替00160-9-85784
電話 03(3295)1687
E-MAIL　mail@seikoshobo.co.jp
URL　http://www.seikoshobo.co.jp

◉印刷・製本
中央精版印刷 株式会社

Printed in Japan, 2008
ISBN978-4-88086-238-5